KB067343

리:스토어

언택트 시대,
오프라인
기업들의 8가지
진화 전략

리:스토어

Re:Store

황지영 지음

INFLUENTIAL
인플루엔셜

추
천
사

온라인과 오프라인은 제로섬이 아니다. 글로벌 이커머스 기업들이 연이어 오프라인에 진출하는 걸 보면서 온라인과 오프라인의 미래는 융합과 균형에 있다는 것을 실감한다. 그렇다면 오프라인 기업은 어떻게 온라인과 오프라인을 결합해야 하는가? 모든 오프라인 기업이 할 수 있는 일은 아니다. 온라인에서 제공하지 못하는 오프라인의 감성과 경험을 제공할 수 있는 실력 있는 기업만이 시도할 수 있다. 소비자의 오프라인 니즈를 포착하여 포스트 코로나 시대 가장 매력적이고 차별화된 경험을 선사하는 8가지 인사이트를 지금 만나보자.

| 모종린(연세대학교 국제대학원 교수, 《골목길 자본론》 저자) |

모두가 오프라인 매장의 위기를 말하지만, 엄밀히 말하면 과거 방식의 매장이 위기다. "누가 저런 것을 사지?" 의문이 들 정도의 제품만이 살아남는 '특화생존'의 시대, 오프라인에서만 경험할 수 있는 차별화된 경험을 제공하는 것이 생존의 핵심이다. 리테일 업계의 치열한 경쟁 속에서 이 책은 어떤 방법으로 특화된 매장으로 거듭날 것인지 그 구체적인 성공 전략을 담고 있다.

| 전미영(서울대학교 소비트렌드분석센터 연구위원, 《트렌드 코리아》 저자) |

'언택트'가 리테일의 메가트렌드로 부상하고 있다. 코로나 이전에도 언택트는 이미 큰 흐름이었는데 코로나19 이후 더욱 강하게 메가트렌드가 되고 있다. 이제 리테일 업계의 패러다임 대전환이 필요한 시기다. 이 책은 변혁의 시기, 오프라인이 어떻게 진화해야 하는지에 대해 구체적이고 실질적인 인사이트를 제시한다. 리테일 업계에 종사하는 모든 이들의 일독을 권한다.

| 정연승(한국마케팅관리학회 회장, 단국대학교 경영학부 교수) |

'공급 과잉의 시대'에 더욱 예민하게 변화하고 있는 고객들의 니즈를 대응하기에 과거의 성공방식에 기반한 해석과 'how'만으로는 힘들다. 고객을 보다 적극적으로 새롭게 해석하고 바라보는 접근이 필요하다. 황지영 교수는 코로나19로 인해 사회적 격리와 재택근무가 지속되며 디지털과 언택트 기술이 더욱 강조되는 시대적 상황 속에서 인간의 근원적인 '실재적 경험'과 '직접 소통' 욕구에 대한 깊은 이해와 창의적인 재해석을 보여준다. 리테일을 위한 'how'와 '미래 변화'에 대한 '찐'한 감성을 스타일리시한 스토리텔링으로 탁월하게 제공하는 책이다.

| 윤춘성(LG상사 대표이사) |

이미 업계에서 '리테일 아포칼립스'가 진행 중인 상황에 코로나19는 중환자실 환자에게 인공호흡기를 떼어내는 것과 같은 충격을 주었다. '리:스토어'는 다시 근원으로 돌아가, 인간에게 쇼핑이란 무엇인가를 되묻고 있다. 이 책은 다각적인 방향에서의 글로벌 유통업계 현장의 구체적인 사례와 함께 절체절명의 시기, 리테일 업계가 고객에게 줄 수 있는 상품과 서비스 이상의 가치에 대한 통찰을 제시한다.

| 심현보(커니 파트너) |

고객들은 상품만 사는 것이 아니라 그 속에 담긴 스토리도 함께 소비한다. 그것을 온라인에서 모두 담기는 아쉬움이 남는다. 오프라인으로 온라인을 잇고 싶었다. 그런 점에서 오프라인만의 고유한 역할과 가치를 제시하는 이 책을 강력히 추천한다. 우리가 알아야 할 오프라인의 미래가 이 한 권에 담겨 있다.

| 신혜성(와디즈 대표이사) |

공간의 미래를 엿보고 온 느낌이다. 특별한 경험에 대한 욕구가 강한 밀레니얼 세대와 Z세대, 소비의 축으로 떠오른 이들에게 어떻게 사랑받는 매장이 될 수 있는지에 대한 사례와 분석이 가득하다. 고객들이 줄을 서서라도 기꺼이 찾아오는 힙한 공간을 만들고 싶다면 이 책에서 제시하는 8가지 리스토어 전략을 적용해보자.

| 손창현(OTD 코퍼레이션 대표이사) |

차

례

3장 | 리테일 랩

: 실험실이 된 매장이 고객의 시간을 점령하다

RETAIL LAB

4장 | 공간 재창조

: 인더스트리얼 스타일로 트렌드를 리드하다

REINVENTING SPACE

7장 | 클린 쇼핑

: 위드 코로나 시대, 매장의 면역력을 높이다

RE-CLEAN

8장 | 쿨한 친환경

: 친환경은 서브 메시지로 전달할 때 더 효과적이다

RE-GREEN

리:스토어 Re:Store —
오프라인 매장의 본질과 새로운 진화

티셔츠+레깅스+긴 양말. 코로나바이러스감염증-19(COVID-19, 이하 코로나19)가 확산되는 와중에 밀레니얼 세대 millennials에서 유행하는 '등산복' 공식이다. 코로나19 대유행으로 인해 사회적 거리두기와 재택근무가 한창이었던 2020년 3월 북한산 등산객 수가 전년 대비 41.7%나 늘었다.[1] 그중 다수를 차지한 이들이 의외로 밀레니얼 세대였다. 코로나19 여파로 모임이나 실내 스포츠를 자제할 수밖에 없었던 이들이 사회적 거리두기를 지키며 할 수 있는 활동이 바로 등산이었던 것이다. 이러한 현상은 단순히 밀레니얼 세대만의 유행이 아니라, 코로나19 사태로 억눌린 '실재적 경험'에 대한 인간의 본능적인 욕구가 표출된 단적인 예가 아닐까?

1

코로나가 몰고 온
급격한 언택트 시대로의 전환

    누구도 예측하지 못했던 코로나19 사태는 단 몇 달 만에 우리 생활을 너무도 급격하고 광범위하게 바꿔놓았다. 필자가 근무하는 미국의 대학교를 비롯하여 초·중·고등학교 교육 과정이 온라인으로 대체되었고, 거의 모든 회의는 줌Zoom이나 웹엑스Webex를 통한 화상회의로 대

코로나19로 새로운 소비 방식과 마주하게 되었다.
대형마트에서 저마다 마스크를 쓴 채 대기 중인 소비자들.

체되었다. 재택근무가 일상이 되었고, 식품이나 생활용품 등의 쇼핑과 금융 서비스도 온라인과 모바일로 해결하게 되었다. 심지어 사람들과의 모임도 일명 '랜선 커피 타임'과 '랜선 회식'으로 대체되는 상황을 맞았다. 이렇게 코로나19 사태는 우리 사회를 반강제적으로 언택트Untact 시대로 급속히 몰아넣었다. 안 그래도 한창 진행 중이던 언택트로의 이동이 코로나19라는 글로벌 팬데믹global pandemic으로 인해 한층 더 가속화되어 언택트가 우리 삶의 새로운 기준, 즉 뉴노멀new normal로 자리 잡게 되었다.

이미 우리 시대는 BC(Before Corona)와 AC(After Corona)로 나뉘었고, 코로나19가 장기화되면서 이제는 WC(With Corona) 시대도 염두에 두어야 할 상황이다. 시장조사 기업 유로모니터 인터내셔널Euromonitor International은 2020년 내놓은 올해 경제성장율 7월 전망에서 코로나19

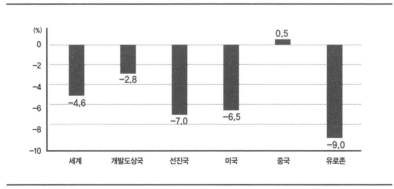

■ 글로벌 실질 GDP 성장 전망(2014-2022) ■

출처 _ 유로모니터 인터내셔널(2020년 7월)

로 인해 전 세계 GDP가 4.6% 역성장할 것이고, 미국(-6.5%)과 유로존 (-9.0%) 등 선진국들은 평균 7.0% 역성장할 것이라고 발표했다(12쪽 표).[2] 제조업 중심의 개발도상국들의 경제도 2.8% 역성장할 것이라고 전망 했다.

코로나19가 변화시킨 라이프스타일은 소비생활의 최접점에 있는 리테일 비즈니스의 희비를 초래했다(아래 표). 아마존Amazon과 인스타카트Instacart, 월마트 그로서리Walmart Grocery, 십트Shipt 등 배달 앱의 다운로

■ 코로나19로 인해 희비가 교차한 비즈니스 영역 ■

수혜 영역	피해 영역
• 온라인 회의 서비스: 줌, 웹엑스	• 외식업계
• 원격 의료 업체: 텔라닥Teladoc, 케어크릭스CareClix, 닥터 온 디맨드Doctor on Demand	• 공유경제: 우버Uber, 에어비앤비Airbnb(공유 주방은 제외)
• 온라인 리테일러: 아마존	• 항공/여행업
• 오프라인 대형 유통업체의 온라인 판매	• 백화점
• 배달 서비스: 십트, 도어대시DoorDash	• 패션업계
• 스트리밍 콘텐츠 서비스/홈 엔터테인먼트: 넷플릭스Netflix, 훌루Hulu, 닌텐도Nintendo	• 오프라인 엔터테인먼트: 디즈니
• 밀키트 서비스: 블루에이프론, 헬로프레시Hellofresh	
• 건강/홈피트니스: 펠로톤, 미러	
• 온라인 리테일 플랫폼 서비스: 쇼피파이Shopify	
• 데이터 서버 & 클라우드 서비스	

드 횟수가 폭증했으며[3] 그로 인해 아마존을 비롯한 온라인 기반 리테일러들은 몇 십만 명씩 추가로 인원을 고용했다. 또한 과일 같은 신선식품 등 오프라인에서 주로 구입하던 상품들도 온라인 쇼핑을 할 수밖에 없게 되면서, 온·오프라인 리테일의 경계가 허물어졌다. 피트니스센터를 방문하는 대신 집에서 홈트레이닝을 하게 되었고 펠로톤Peloton(실시간 운동 교습 스트리밍 서비스)과 미러Mirror(가정에서 정확한 동작으로 피트니스를 할 수 있도록 도와주는 스마트 기기)의 멤버십 가입이 급증하는 한편 넷플릭스는 인터넷망 사용량이 폭발적으로 늘어나 국가별로 데이터 전송률을 조절해야만 했다.

온라인으로의 이동을 주저하던 50~60대 이상의 소비자들도 코로나19로 인해 반강제적으로 온라인으로 이동하면서 일명 '5060 엄지족'이 급증했다. 이런 이동이 중요한 이유는, 코로나19라는 상황적 요인으로 인해 쿠팡이나 마켓컬리의 로켓배송, 새벽배송을 직접 이용하면서 한번 편의성을 경험하고 나면 해당 요인이 사라져도 서비스를 계속 이용할 확률이 높기 때문이다.

반면 오프라인 중심의 자영업자 매출은 급감했고 백화점과 대형마트들도 파산을 신청하거나 매장을 줄여나가고 있다. 15쪽의 표에서 알 수 있듯이 미국의 경우 2019년 사무용품 매장의 약 50%, 가전제품 매장의 28%, 스포츠 용품 매장의 27%, 의류 매장의 20%가 이미 문을 닫았는데 코로나19로 인해 오프라인의 몰락은 더욱 가속화되었다.[4]

이렇게 변화의 폭이 깊어지고 그 속도가 숨 가쁠 정도로 급격하다 보

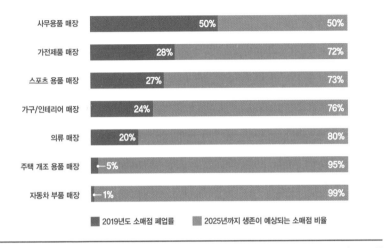

■ 코로나19가 가속화시킨 오프라인 매장의 위기 ■

매장	2019년도 소매점 폐업률	2025년까지 생존이 예상되는 소매점 비율
사무용품 매장	50%	50%
가전제품 매장	28%	72%
스포츠 용품 매장	27%	73%
가구/인테리어 매장	24%	76%
의류 매장	20%	80%
주택 개조 용품 매장	5%	95%
자동차 부품 매장	1%	99%

■ 2019년도 소매점 폐업률 ■ 2025년까지 생존이 예상되는 소매점 비율

출처 _ 월스트리트 저널, 스태티스타(2020년 5월)

니 미국과 한국의 다양한 기업과 조직, 미디어에서 강연과 인터뷰 요청이 들어오곤 한다. 주로 언택트, 코로나19 이후의 소비 트렌드와 전략 등에 대한 것이다. 2019년부터 코로나19로 인해 누구도 예상치 못한 급속한 변화를 겪고 있는 기업 CEO들, 임원들과 소통하면서 백화점, 대형마트, 식품, 패션 등 업계를 가릴 것 없이 모두 심각한 위기감을 느끼며 절실히 위기 극복 솔루션을 원하고 있음을 실감할 수 있었다. 어느 기업의 강연 현장에서는 "저희는 아마존도, 구글도 아닌데 어떻게 해야 할까요?"라며 망연자실한 표정으로 질문하는 직원도 있었다. 그 뒤로 '그

러한 막막함을 해결할 수 있는 방안이 없을지'에 대해 깊이 고민하게 되었다.

곰곰이 생각해보니 업계의 막막함은 크게 두 가지 측면에서 바라볼수 있었다. 첫째, 최근 리테일 업계의 변화의 한 축인 기술 혁신을 기반으로 하는 디지털 트랜스포메이션digital transformation(디지털 전환)과 옴니채널omni-channel(소비자가 온라인, 오프라인, 모바일 등 다양한 경로를 넘나들며 상품을 검색하고 구매할 수 있도록 한 서비스)은 상당한 자본을 갖춘 기업이라야 가능하다는 것이다. 아마존도 구글도 아닌, 기술에 투자할 여력이 없는 일반 기업에서 위기를 타개하려면 다른 솔루션을 찾아야 한다.

둘째, 리테일의 혁신을 이끌어가고 있는 온라인 기반 리테일러들의 성장으로 인해 오프라인 기반 리테일러들의 입지가 훨씬 좁아졌다. 대형 오프라인 리테일러들이 옴니채널과 디지털 트랜스포메이션을 적극적으로 시도하는 추세이지만 태생 자체가 온라인 기반인 리테일러들에 맞서 대항하기에는 역부족인 것이다. 더구나 자원 제약이 큰 중소상공인들은 기술 기반 혁신을 추진하기에 자원의 극명한 한계가 있다. 게다가 코로나19라는 환경적인 요소로 인해 오프라인은 고전을 면치 못하고 생존까지 위협받는 상황에 이르렀다. 큰 그림에서 보면 오프라인 매출이 온라인보다 훨씬 더 큰 규모임에도 오프라인이 '매장 안in-store'에서의 변화를 위한 뾰족한 수를 찾지 못해 고심 중이다.

결국 대부분의 국내외 기업 종사자들이 마주하는 혁신의 현장에는 이런 어려움들을 극복할 만한 전략이 취약하고, 특히 기술 중심이 아니거나 막대한 자본을 가지고 있지 않은 경우, 생존경쟁에서 한계에 부딪히는 것이 현실이었다.

필자는 미국 등 글로벌과 한국을 잇는 연결자liaison 역할을 개인적 소명이라고 생각한다. 그런 면에서 그 어느 때보다 절박한 상황에 조금이라도 도움이 되고자 이 책을 쓰게 되었다. 이 책은 몇 가지를 전제로 하고 있다. 첫째, 오프라인 매장이 감소하고 고전을 겪고 있지만 오프라인은 리테일에서 여전히 중요한 채널로 존재할 것이다. 앞서 언급한 밀레니얼 세대의 등산복 공식 이야기로 돌아가보자. 등산이 밀레니얼 힙스터hipster의 새로운 취미가 된 이유는 인간의 본능이 표출되었기 때문이라고 말했다. 코로나19로 인해 재택근무와 반강제적 사회적 거리두기가 몇 달간 지속되자 직접적인 소통, 실재적 경험에 대한 갈구가 표출되었다고 보는 것이다. 한번 생각해보자. 코로나19로 인해 다른 이들과의 직접적인 소통이 차단된 상황에서 화상회의와 온라인 쇼핑 등 디지털 환경 속에서만 지내는 동안 뭔가 부족하고 허전했던 경험이 없었는지 말이다. 즉 인간은 실재적 경험이 필요한 존재고, 디지털 세대에게는 실재적 경험에 대한 니즈가 더 클 수도 있다.

둘째이자 더 중요한 전제로, 상품 구매의 주 채널은 이미 온라인으로 넘어갔으므로 매장의 역할은 변할 것이다. 가격 경쟁에서 오프라인은 인공지능 알고리즘으로 최저가격을 책정하는 온라인을 이기기 힘들다. 코로나19는 언택트로의 이동을 가속화했고 온·오프라인의 역할이 더 뚜렷이 구분되는 계기가 되었다. 상품 판매에서 오프라인 매장은 아날로그적 경험이나 쇼룸 등 브랜드 이미지 구축과 소통의 채널로 활용되고, 구매는 온라인에서 이뤄지는 식으로 역할이 나뉘는 중인 것이다. 그 과정에서 오프라인 리테일의 축소는 부정할 수 없는 현실이고, 변화는 선택이 아닌 필수가 되었다.

마지막 전제는 과거의 성공방식이 더 이상 유효하지 않다는 것이다. '소비자들은 이미 변했다'는 점을 기본 전제로 삼아야 한다. 그리고 '어떻게how' 할 것인가에 집중해야 한다. 오프라인 리테일러들은 오프라인 공간에서 제공할 수 있는 '가치value'를 찾고 그것을 극대화하는 전략을 취해야 한다. 너무 추상적으로 들릴 수 있겠지만, 앞으로의 생존을 결정하는 중요한 문제이니 적극적으로 마주할 필요가 있다. 이런 전제들을 바탕으로 이 책은 오프라인 매장을 다방면으로 고찰해보고 변화의 실마리를 제공하고자 한다.

2

Chapter 1은 끝났다:
오프라인 리테일러 위기의 근본 원인들

먼저 왜 오프라인 매장들의 고민이 커졌는지를 근본적으로 짚어볼 필요가 있다. 지난 몇 세기 동안 리테일은 '빅박스 스토어Big Box Stores'로 대변되었다. 빅박스 스토어란 매장 외형이 큰 박스처럼 생겼다고 해서 붙여진 이름으로, 오프라인 중심의 대형 리테일러를 일컫는다. 식품에서 공산품까지 원스톱one-stop 쇼핑이 가능한 대형 매장, 특히 월마트의 비즈니스 모델이 리테일의 바이블처럼 간주되었다.

그러나 최근 몇 년간 오프라인 기반 리테일러들의 파산과 매장 축소 등 위기설이 대두되었다. 미국에서는 2017~2018년 초까지 완구 업계 대표 기업 토이저러스Toy's R Us와 130년의 역사를 가진 시어스Sears 백화점 등이 파산했고, 1만 5000여 개의 매장이 문을 닫았다.[5] 2019년에는 글로벌 패션 브랜드 포에버21Forever 21, 짐보리Gymboree, 바니스 뉴욕Barneys New York이 파산하는 등 문을 닫은 매장이 무려 9300여 개에 이르고, 1977년 창업 이후 한국을 포함해 아시아 시장까지 진출한 프리미엄 식료품 체인점 딘앤델루카Dean&Deluca도 결국 2020년 파산보호를 신청했다.[6] 2020년 상반기에는 또 미국 1위 명품 백화점 니만마커스Neiman

Marcus와 패션 브랜드 제이크루J.Crew, 브룩스 브라더스Brooks Brothers, 세계 1위 렌터카 회사 허츠Hertz 등의 파산 소식이 연이어 쏟아졌다. 2020년 한 해에만 무려 2만 5000여 개의 매장이 문을 닫을 것이라는 전망과[7] 2025년까지 약 10만 개의 매장이 폐업할 것이라는 절망적인 예측도 나왔다.[8]

우리나라에서도 빅박스 스토어 중심의 위기가 피부로 느껴지고 있다. 1993년 11월 창업한 이후 승승장구하던 이마트가 2019년 사상 첫 적자를 기록했고[9] 홈플러스나 롯데마트도 성과가 적은 곳 위주로 매장을 정리하는 중이다.[10] 하나하나 열거하기도 벅찬 파산 뉴스와 적자 뉴스들은 지금까지 당연시 했던 리테일 비즈니스 모델에 대해 회의적인

2020년 파산보호를 신청한 식료품 체인점 딘앤델루카.

시각을 촉발했다.

이 글을 쓰고 있던 얼마 전에도 오프라인 기반 로컬 푸드체인이 몇 개 연속 파산한 내용에 대해 미국의 한 언론과 인터뷰를 했다. 인터뷰를 하면서 필자도 글로벌, 지역, 규모에 상관없이 오프라인 매장들이 겪는 극심한 경쟁과 어려움을 다시 한 번 실감했다. '오프라인 리테일러들은 정말 어떻게 해야 할까?'

문제의 해답을 얻기 위해서는 우선 그 원인을 분석해보아야 한다. 많은 사람들이 공감하듯이, 오프라인 리테일러들의 위기는 인공지능과 로봇 등 첨단 기술의 도입과 온라인·모바일로 이동하고 있는 소비 트렌드 탓이 크다. 그런데 조금 더 깊게 들여다보면 그 저변에 깔린 이동의 동기는 오프라인이 제공하기 힘든 '편의성'과 '쇼핑 경험' 때문이다. 필자는 전작 《리테일의 미래》에서 리테일 판도를 바꾸고 있는 10개의 기술 혁신들을 집중 분석했다. 아마존 알렉사Alexa를 포함한 인공지능 쇼핑비서, 소비 빅데이터, 언택트 리테일, 옴니채널, 증강현실augmented reality(AR)·가상현실virtual reality(VR)의 가상 리테일, 스마트 물류에서 블록체인까지, 최첨단 기술들이 리테일과 접목된 소비와 리테일 비즈니스의 변화가 핵심 내용이었다. 그동안 상상했던, 혹은 상상 이상의 첨단 기술에 기반한 변화다. 첨단 테크 영역에서 앞서고 있는 아마존, 월마트 같은 대형 리테일러들은 빠른 배송은 물론 고객 자신들도 놓치고 있는 물품까지 예측해서 제안한다. 즉 시장과 경쟁 구도의 변화, 새로운 경쟁자들의 진입 등의 요소가 오프라인 리테일러에게 위협이 되었다.

붉은 여왕 효과로 온라인과의 경쟁에서 밀린 오프라인 리테일러.

그런데 그 위협을 위기로 맞을 수밖에 없었던 이유는 무엇일까? 바로 붉은 여왕 이론Red Queen's Theory으로 이를 설명할 수 있다. 붉은 여왕 이론 또는 붉은 여왕 효과라 불리는 이 이론은 진화론적 관점에 기반한 원리다. 어떤 생물이 적자생존에서 뒤처지거나 소멸하는 이유는 그 생물이 변화를 시도하더라도 주변 환경이나 경쟁 대상도 변화하고 있기 때문이라는 것이다. 즉 경쟁 대상의 수준을 넘을 만큼 변화하지 않으면 '상대적'으로 뒤처지거나 제자리에 머물게 되어 결국 경쟁에서 밀리고 만다는 것이다.

이 이론을 리테일에 적용해보자. 온·오프라인 리테일러 모두 새로운 환경에서 경쟁력을 높이기 위해 최첨단 기술을 도입한 서비스를 개발하는 등의 노력을 한다. 그런데 온라인과 모바일 리테일러들이 적극적인 변화를 시도할 때 자신의 기반이 튼튼하다고 믿었던 오프라인 기업들은 다소 안일한 자세를 취했다. 그 사이에 전통적으로 오프라인 리테일러가 우세했던 비즈니스 방식(제조업체들로부터 상품을 공급받아 마진을 붙여 상품을 판매하고 이익을 창출하는 모델)의 경쟁우위는 이미 온라인으로 넘어갔고, 다국적 대형 슈퍼마켓 체인 알디ALDI나 리들Lidl처럼 초저가를 무기로 내세운 몇몇 브랜드를 제외하고는 일반적으로 가격 경쟁력 면에서 온라인이 앞서버렸다.

기술적인 면에서도 아마존 등의 온라인 업체들은 전통적으로 오프라인 매장의 강점이었던 신선식품까지 배송하는 한편 오프라인 슈퍼마켓을 직접 론칭하는 등 오프라인 영역에 진출하고 있다. 또한 맞춤형 패션 스타일링을 제공하는 스타트업 스티치픽스Stitch Fix나 트렁크클럽Trunk Club처럼 인공지능 등의 기술을 접목해 고객의 취향에 맞게 큐레이션한 상품들을 집에서 편하게, 원하는 주기로 받아볼 수 있는 새로운 편의성을 제공하는 업체도 있다. 면도기 정기배송 브랜드 해리스Harry's나 창업 4년 만에 유니콘 기업(기업가치 10억 달러 이상인 스타트업)이 된 여행가방 브랜드 어웨이Away처럼 매장 없이 온라인으로 직접 판매하는 DTC(Direct-to-Consumer) 브랜드들도 직접 또는 콜라보 형태로 오프라인 영역에 침입하고 있다.

한국의 경우, 많은 이들이 한밤중에도 쿠팡과 마켓컬리의 로켓배송과 새벽배송으로 필요한 상품을 주문한 경험이 있을 것이다. 더구나 참치캔 하나, 음료수 한 개 등 초소량도 배달해주는 배달의민족 B마트까지, 온라인과 모바일, 플랫폼 비즈니스는 너무도 편리한 서비스를 제공하고 있다. 이익구조에 대한 논란은 차치하고 쿠팡의 2019년 연 매출은 전년 대비 64.2% 증가한 7조 1531억 원을 기록했다.[11] 이는 롯데마트의 매출 6조 3000억 원을 처음으로 넘어선 수치다.

이런 상황에서 변화의 필요성을 절실히 느낀 오프라인 리테일러들이 엄청난 투자를 하면서 변화를 시도했지만 이미 저 멀리 앞서간 온라인 업체들과 변화하는 소비자를 따라잡기엔 역부족이었다. 온라인과 모바일 중심의 리테일 비즈니스 모델이 리테일 생태계에서 경쟁우위를 차지하게 된 반면 오프라인 기반 업체들은 뒤늦은 노력에도 불구하고 제자리에 머물게 되었고, 그 결과 심각한 위기를 맞이했다. 게다가 코로나19 사태까지 겹치면서 수많은 오프라인 기반 리테일러들은 근원적인 문제에 부딪혔다. 자금과 인력 등의 이유로 기술 도입에 한계를 느끼는 데다 온라인으로 이동이 가속화된 상황 속에서 생존 문제에 직면한 것이다. 첨단 기술과의 결합을 통해 성장에 박차를 가하는 온라인 중심 업체들과의 경쟁 속에서 오프라인 기반 리테일러는 어떻게 이 상황을 돌파해나갈 수 있을까?

3

오프라인은 사라질까?:
오프라인은 현재도,
미래에도 여전히 중요한 채널이다

 이런 심각한 상황으로 인해 오프라인 리테일이 사라질 것인가 하는 질문을 종종 받는다. 필자의 대답은 '아니오'다. 공간을 기반으로 하는 리테일은 현재도, 그리고 미래에도 여전히 중요한 채널이라고 믿기 때문이다. 그 이유는 첫째, 온라인과 모바일, 그리고 언택트와 모바일 결제 등이 대세이지만 통계를 살펴보면 오프라인은 여전히 전체 리테일의 근간을 차지하고 있기 때문이다. 국가마다 차이가 있긴 하지만 65~90%의 매출이 오프라인에서 나온다. 미국의 경우 2019년 기준 전체 리테일 매출 중 온라인은 16%에 해당하는 6017억 달러를 창출했으나 84%의 매출은 오프라인에서 발생했다.[12] 글로벌 공룡이라고 불리는 아마존은 온라인 16% 중 38%를 차지한다.[13] 글로벌 컨설팅 기업 커니Kerney가 2019년 1500명의 미국 소비자들을 조사한 결과를 보면 81%가 오프라인 쇼핑을 선호하고, 73%가 매장에서 새로운 상품을 발견하기를 원한다.[14] IBM과 미국 리테일연합회 NRF 공동조사에서는 Z세대가 밀레니얼 소비자들보다 오프라인 쇼핑 경험을 더 선호하는 것으로 나타났다.[15] 이는 디지털 네이티브Digital Native인 Z세대가 오히려 오프라인 공간에서의 경험에 대한 니즈가 더 클 수 있다는 점을 시사한다.

두 번째 이유는 다양한 온라인 기반 리테일러와 DTC가 적극적으로 오프라인에 진출하는 이유를 생각해보면 알 수 있다. 예를 들어 아마존의 광범위하고도 공격적인 오프라인 진출은 이미 잘 알려져 있다. 오프라인 서점인 아마존북스Amazon books, 별점 5점 중 4점 이상을 받은 상품들로만 구성된 큐레이션 매장 아마존 4-스타Amazon 4-star를 비롯해 유기농 식품점 홀푸드마켓Whole Foods Market 인수를 통해 오프라인 입지를 확보한 이후에도 2020년 2월 아마존 자체 슈퍼마켓인 아마존 고 슈퍼마켓Amazon Go Supermarket, 8월에는 LA에 아마존 프레쉬Amazon Fresh까지 오픈했다. 한편 안경 브랜드 와비파커Warby Parker, 매트리스 업체 캐스퍼Casper, 남성복 브랜드 보노보스Bonobos 등 온라인 기반 스타트업들도 직접 또는 콜라보 형태로 오프라인 매장을 적극적으로 확대하고 있다. 스타벅스Starbucks가 온라인에서 판매해왔던 커피와 머그컵, 텀블러 같은 굿즈 판매를 중단한 것도 오프라인 소매 매장에 집중하기 위해서다. 즉 오프라인에서의 소비자 경험에 더 초점을 맞추겠다는 의미다.

이들이 왜 이렇게 오프라인에 진출하는 것일까? 가장 주된 이유는 온라인에서의 한계, 즉 소비자와의 부족한 소통을 극복하기 위해서다. 온라인 영역에 소비자 데이터가 엄청나게 쌓여 있더라도 소비자들을 360도 이해하기 위해서는 오프라인에서의 직접적인 교감이 필요하다. 또한 오프라인 매장을 여는 것이 온라인 매출 증가로 연결된다는 '후광 효과Halo Effect' 때문이기도 하다. 후광 효과란 어떤 것에 관한 인상이 다른 것에 대한 인상에 영향을 미치는 효과를 말한다. 국제쇼핑센터위원회 ICSC에 따르면 새 매장을 열면 웹 트래픽이 평균 37%나 늘어난다고 한다(아래 표).[16] 후광 효과는 특히 제조사가 온라인으로 직접 상품을 판매하는 DTC 브랜드가 오프라인 매장을 열었을 때 두드러지게 나타난다. 프리미엄 남성 셔츠 브랜드인 언터킷Untukit의 경우 오프라인 매장을 오픈한 이후 고객과의 직접적인 소통과 홍보로 매출을 높일 수 있었다.

온라인 리테일러·DTC가 오프라인 매장을 론칭한 이후 기업의 전체 매출이 향상된 이 현상은 이들이 매장을 바라보는 시각이 기존 오프라인 중심의 리테일러와 달랐기 때문에 가능한 일이었다. 오프라인 기반의 리테일러들은 매장을 자산으로 보는 경향이 크고, 매장에서 상품이 얼마나 팔리는지 등의 수치와 양적인 측면에 더 중점을 둔다(28쪽 표). 이런 시각을 리테일 레거시Legacy(자산·유산) 관점이라고 말한다. 반면 온

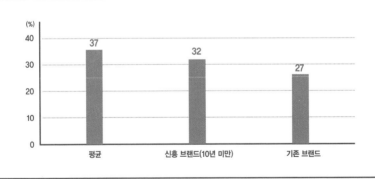

■ 오프라인 매장 오픈 시 웹 트래픽 증가율 ■

출처 _ 국제쇼핑센터위원회(2019년 2월)

라인 브랜드나 DTC가 오프라인 매장을 오픈할 때는 매장을 '교육의 도구'로 본다. 즉 고객이 브랜드에 대해 알 수 있는 기회를 제공하는 공간으로 보는 것이다. 그렇기 때문에 그들은 오프라인 기반 리테일러보다 브랜드 '경험'에 더 집중한다. 매장에 대한 시각 차이는 결국 오프라인 중심 리테일러의 위기로 이어졌다.

셋째, 언택트 시대임에도 오프라인이 중요한 또 다른 이유는 오프라인 경험에 대한 갈망은 사실 인간의 본성과도 깊게 관련되어 있기 때문이다. 앞에서 잠깐 언급한 것처럼 코로나19로 인해 재택근무 또는 집에만 머물러야 했던 때를 한번 상기해보길 바란다. 그때 처한 상황들은 다르겠지만, 많은 이들이 집 아닌 다른 곳에서 즐겨하곤 했던 순간들을 그리워했을 것이다. 필자의 경우를 말하자면, 미국에서 몇 주간 재택근무를 하면서 디지털 업무와 화상회의 등 언택트 라이프스타일에 적응

■ 오프라인 매장에 대한 시각 차이 ■

	전통적인 오프라인 중심 리테일러	오프라인 매장을 오픈하는 온라인 리테일러·DTC
매장을 바라보는 시각	매장을 레거시로 바라봄	매장을 고객이 브랜드를 알아갈 수 있는 교육의 도구로 여김
목적	상품 판매	상품 경험과 브랜드 이미지 구축
핵심 측면	매장 수의 확대와 그 속도를 중시	브랜드와 상품 접점의 고객 경험에 집중

해가는 동안 '평소 좋아하던 집 근처 스타벅스 매장에서 커피 한 잔을 마시며 밖을 바라보던, 또는 친구와 수다를 떨던 시간'이 무척 그리웠다. 그 수많은 일정과 미팅, 연구와 수업 등을 디지털로 소화하면서 가장 그리워하게 된 것이 커피를 마시던 그 기분과 분위기와 공간이었던 것이다. 우리는 쇼핑을 단순히 물건을 구입하는 것으로만 생각하지 않는다. 쇼핑은 하나의 여정이며 사회적인 활동이기도 하다. 친구들과 마실 삼아서, 또는 기분전환을 위해서, 아니면 단순히 사람들과의 교류를 위해서 그 시간과 공간에서의 경험을 소비하는 경우도 많다. 즉 소비자들이 편리함을 원하지만 실재감 있는 경험에 대한 갈구는 인간의 기본 욕구 중 하나라는 것, 그리고 그런 욕구를 만족시킬 수 있는 존재가 오프라인 공간이라는 점을 간과해선 안 될 것이다.

마지막 이유로, 오프라인은 젊은 소비자들에게도 중요한 리테일 채널이라는 점을 꼽을 수 있다. 흔한 예상과 달리 밀레니얼 소비자들은 대기업 브랜드보다 규모가 작더라도 로컬 색채를 지닌 브랜드를 선호하고, 특히 Z세대는 온라인뿐 아니라 오프라인 쇼핑을 즐겨한다.[17] 물론 이들의 오프라인 쇼핑은 이전 세대들의 그것과 다르다. 이전 세대들이 습관적으로 오프라인 매장을 찾는다면 Z세대의 경우 오프라인 공간에서 물건을 경험해보고 동행과 사회적 교류socialize를 하기 위해 매장을 찾는다. 디지털 네이티브지만 디지털에서 벗어나 '디지털 디톡스Digital Detox(디지털 해독)'나 '리테일 테라피Retail Therapy(쇼핑 공간에서의 경험을 본인의 기분전환과 안정을 위한 치유 수단으로 이용하는 것)' 목적으로 매장을 찾기도

시몬스의 하드웨어 스토어, '침대 회사의 침대 없는 팝업스토어'를 콘셉트로 한다.

한다.[18] 예컨대 한국의 Z세대들은 성수동처럼 공장을 개조해 낡고 거친 느낌을 살린 인더스트리얼 스타일과 시몬스 하드웨어 스토어 같은 뉴트로New-tro(복고를 현대적으로 해석하여 즐기는 것) 등, 본인에게 '힙hip하게 느껴지는' 경험을 이전 세대들보다 중요하게 여긴다.

종합해보면 오프라인이 위기인 것은 사실이지만 첨단 기술과 언택트가 뉴노멀인 시대에도 오프라인 매장은 그 자체로 고유의 가치가 충분하고, 오프라인만이 충족시킬 수 있는 역할이 있다. 또한 인구·소비 세대의 변화를 고려해보아도 오프라인 매장은 앞으로도 중요한 쇼핑 채널로 존재할 것이다.

4

매장이란 무엇인가:
오프라인만의 고유한 가치와
의미를 다시 생각하다

오프라인 '매장' 자체에 대해 한번 짚어볼 필요가 있겠다. 전통적으로 오프라인 매장의 특성과 역할은 크게 세 가지다. 첫째, 소비자가 상품을 직접 보고 만져보도록 하는 실재적 경험을 제공하는 것, 둘째, 필요한 상품을 구입해 바로 가져가며 느끼는 '즉각적인 만족immediate gratification'을 제공하는 것, 그리고 마지막으로 친구와 가족뿐 아니라 리테일 매장 직원들 등 브랜드와의 사회적 교류를 위한 공간으로서의 역할이다.

오프라인 '매장' 또는 '상점'의 개념은 물물거래 시대 이후 BC800년경 고대 그리스에서 사람들끼리 상품을 거래하는 장터가 생긴 것이 시초라고 볼 수 있다.[19] 고대 그리스 아고라 광장에서 사람들은 쇼핑뿐 아니라 사회적 교류를 하거나 정부 활동에 참여했다. 우리나라의 고려시대, 조선시대에도 장터는 사람들이 모여 이야기를 나누는 광장이자 사회적으로 교류하는 커뮤니티의 역할을 어느 정도 담당해왔다.

미국에서 리테일이 본격적으로 자리 잡은 1700~1800년대는 '맘앤팝 스토어Mom and Pop Store' 시대였다. 맘앤팝 스토어는 가족이 경영하는 소

쇼핑의 변천사. 빅박스 매장의 상징인 월마트의 초기 모습(위)과 실내에서 쇼핑뿐 아니라 푸드코트, 영화관 등 다양한 즐길 거리가 제공된 대형 쇼핑몰(가운데), 집에서 온라인과 모바일로 간편하게 쇼핑하는 모습(아래).

규모 매장으로 우리나라로 치면 동네 구멍가게와 비슷한 형태다. 이때부터 커뮤니티보다는 '상품'이라는 요소가 중요해졌다. 작은 규모의 매장이지만 신선식품부터 완구, 의약품, 패브릭 등 여러 가지 생필품을 취급했다. 이후 백화점이 탄생한 19세기 중반에서 20세기는 미국의 경제적·사회적 여건이 급격하게 변하는 시기였다. 농업 중심에서 제조업과 석유, 강철, 섬유, 식료품 등의 산업 중심 사회로 전환되면서 새로운 직업이 탄생하고 삶의 모습이 바뀌었다. 이에 따라 경제적 부를 축적한 소비자들의 다양한 기호를 만족시키기 위해 1858~1886년 사이 뉴욕과 시카고 등 대도시를 중심으로 메이시스Macy's, 블루밍데일스Bloomingdales, 시어스 같은 백화점들이 생겨나기 시작했다. 그러면서 일명 '럭셔리'에 대한 개념이 강화되었다. 백화점들은 잉여 소득을 가진 부유한 소비 계층에게 상품만 파는 것이 아니라 다양한 강습과 공연을 제공하면서 소비활동을 장려했다.

1920년대에 등장한 것으로 알려진 신용카드도 매장에서 쇼핑을 부추기는 편리한 수단이었다. 지금과는 달리 당시에는 호텔이나 개인 사업자들이 발행한 카드에 돈을 채워넣는 충전 방식이었다. 즉 그 시설에서만 사용할 수 있었던 한정된 개념의 체크카드 정도였다. 1950년에 들어서야 다이너스클럽Diners Club 카드와 뱅크오브아메리카Bank of America의 신용카드가 발행되기 시작해 쇼핑이 한결 편리해졌다.[20]

1956년에는 드디어 실내 쇼핑몰enclosed mall이라는 것이 등장했다. 첫 쇼핑몰이라 할 수 있는 미네소타의 에디나Edina를 비롯한 실내 쇼핑몰은 날씨에 구애받지 않고 한곳에서 다양한 매장을 방문할 수 있어 인기가 많았다. 일반적으로 십자형(+) 구조에 각 4곳의 끝에는 백화점을 앵커 스토어anchor store(간판 상점)로 두고, 내부에는 패션, 뷰티, 푸드코트 등의 다양한 매장들이 있었다. 이런 쇼핑몰들은 겨울이나 여름에도 날씨에 구애받지 않고 가족, 친구들과 쇼핑을 하며 재미있는 시간을 보내는 문화·소셜센터로서의 역할을 하게 되었다. 미국 소비자들이 '쇼핑+레저'의 경험을 더욱 선호하게 되면서 쇼핑몰의 숫자는 급격히 늘어 5년도 안 되어 약 4500개의 쇼핑몰이 생겨났다. 이 당시 미국 리테일 매출의 14%가 쇼핑몰에서 창출되었다.[21] 20세기에 들어와서는 엔터테인먼트 요소가 더 강조되면서 극장과 레스토랑, 게임 시설 등도 쇼핑몰에 포함되는 경우가 많아졌다. 어떤 면에서는 앞서 언급한 고대 그리스 아고라 광장이나 우리나라 조선시대의 장터처럼 상품 구입뿐 아니라 사람들과 어울리는 교류의 공간, 즉 '커뮤니티' 개념이 다시 강화된 것으로 볼 수 있다.

한편 1962년 아칸소 주에 첫 월마트 매장이 문을 열고, 타깃Target과 케이마트Kmart도 미네소타와 미시간에 첫 매장을 오픈하면서 빅박스 매장 시대가 열렸다. 일반 월마트에 슈퍼마켓을 더한 월마트 슈퍼센터의 경우 2만 3000제곱미터에 이르는 거대함을 자랑한다. 가정용 건축자재 업체 홈데포Home Depot나 미국 최대 주방·욕실용품 업체 베드 배스 앤드 비욘드Bed Bath&Beyond 같은 매장들은 5500~1만 3000제곱미터 규모다.[22] 빅박스 리테일러들은 거대한 매장 안에 엄청나게 다양한 상품 구성, 셀프 서비스, 원스톱 쇼핑의 편의성과 저렴한 가격을 앞세워 매장을 확대해나갔다.

그러다 온라인 쇼핑이 탄생했다. 1990년대 인터넷이 보급되고 2007년 애플이 아이폰을 선보이면서 2004년 창업한 페이스북 등 소셜미디어가 급속도로 성장했다. 이에 모바일로 인터넷 접속이 가능해지면서 쇼핑은 물론 소비자의 삶의 패턴이 획기적으로 바뀌었다. 모바일은 우리가 아침에 눈을 뜨면서부터 저녁에 잠잘 때까지 함께하는 존재가 되었을 뿐만 아니라 언제 어디서든 가격과 상품평 등을 확인할 수 있게 해줌으로써 소비자와 리테일러 관계에서 소비자에게 힘이 실리는 데 결정적인 역할을 했다.

5

리:스토어의 출발점:
어떻게 고객의 시간을 점령하는
매장을 만들 것인가

앞서 붉은 여왕 이론의 관점에서 오프라인 리테일러들이 직면한 위기를 설명했다. 오프라인 리테일러들이 급변하는 환경을 다소 관망하는 자세로 바라봤고, 뒤늦게 변화를 추진했지만 그 변화의 움직임이 상대적으로 늦었다는 점을 언급했다. 이를 감안하면 코로나19로 언택트 중심의 새로운 시대로 옮겨가는 데 가속도까지 붙은 이때, 오프라인 리테일러들은 더 늦기 전에 매력적이고 차별화된 소비자 경험을 제공할 방안을 모색해야 한다.

무엇보다 지금 당장 고민해야 할 문제는 아마존, 쿠팡, 마켓컬리, 배달의민족 등 디지털 소비 환경에 푹 빠져 있는 소비자들을 '어떻게' 매장에 들어오게 만드느냐는 것이다. 이는 결국 어떤 종류의 오프라인 강점을 살려서 보여주느냐의 문제이기도 하다. 오프라인의 특색을 살린 고객 경험을 제공하는 매장이라면 아무리 디지털에 푹 빠져 있는 소비자들이라도 발품을 팔아서 직접 매장을 찾을 테니 말이다.

이제 독자들에게 질문을 던질 차례다. 최근 방문한 매장 중에 너무

좋았거나 조만간 또 방문하고 싶은 매장이 있는가? 있다면 왜 좋았고, 왜 다시 방문할 의사가 생겼을까를 잠시 생각해보자. 필자의 경우 미국, 특히 뉴욕에 갈 때마다 꼭 방문하는 매장 두 곳이 있다. 하나는 쇼필즈Showfields로, 뉴욕 소호에 위치한 전체 4층 규모의 매장이다. 오픈 초기에 방문했을 때 처음 접하는 브랜드들이 갤러리 같은 구조의 숍인숍shop in shop 개념으로 구성되어 있어서 굉장히 신선한 느낌이었다. 이곳저곳 돌아다니며 새로운 브랜드를 접하는 재미가 생각보다 쏠쏠했다. 두 번째 방문했을 땐 4층 전체가 오픈되어 있었는데 거의 모든 브랜드가 새로 접하는 것들이었다. 갤러리 같은 디스플레이, 층마다 다른 콘셉트, 파티 공간의 역할을 하는 곳까지, 고개만 살짝 돌려도 여기저기에서 새로운 브랜드와 소비 경험을 할 수 있었다.

또 다른 매장은 맨해튼 5번가에 위치한 나이키 플래그십flagship 매장 '하우스 오브 이노베이션House of Innovation'이다. 필자가 강연에서 소개한 적도 있고 한국에도 많이 알려진 이 매장은 각종 기술과 미래에 온 듯한 인테리어는 물론이고, 특히 4~5개월 주기로 바뀌는 테마가 인상적이다. '미래의 매장이 바로 이런 콘셉트 아닐까'라는 생각이 들 정도로 기술과 경험, 서비스들을 너무도 잘 녹여낸 아이디어에 감탄하며 6층에 걸친 매장을 둘러보고 있노라면 어느새 두세 시간이 훌쩍 지나가곤 한다. 그럼에도 매장을 떠날 때는 다음 방문에 대한 기대가 생긴다. 나이키의 오프라인 콘셉트 매장은 2020년 7월 상하이에 오픈한 '나이키 라이즈Nike Rise', 프랑스의 '하우스 오브 이노베이션' 3호 매장들을 통해 계속 진화하고 있다.

한국의 인상적인 매장들을 꼽자면 서점에 예술적 감성을 듬뿍 담은 아크앤북ARC.N.Book, 이태원의 사운즈한남, 합정동의 취향관, 성수동 카페.봇Café.Bot, 젠틀몬스터 신사점, 이태원의 맥심플랜트 등이 있다. 특히 맥심플랜트 3층의 리저브 바 공감각 커피 전용석에 앉아 있는 것을 좋아한다. 그곳에서 스마트패드를 이용해 나와 가장 잘 어울리는 원두 블렌드를 찾고 원두에 관한 카드 글귀를 읽으면서 자리에 비치된 헤드폰으로 커피 맛에 어울리는 음악을 들으며 커피를 음미하는, 즉 촉각, 시각, 청각이 어우러진 공감각적 경험 때문에 지금도 종종 찾는다. 물론 앞에 언급한 매장들 이외에도 전국 각지에 멋진 매장들이 많을 것이다.

핵심은 바로 이것이다. '다시 방문하고 싶은 매장'이라는 느낌을 갖게 하는 요인, 즉 그 매장만이 줄 수 있는 '가치'가 리:스토어의 근본적인 출발점이다. 이 책에서는 이렇게 오프라인 매장을 가치 중심으로 새롭게 바라보는 접근을 리:스토어라고 부르기로 한다. 사실 가치라는 단어가 너무도 많이 쓰이지만, 이 가치라는 것은 제대로 구현되었을 때만이 오프라인 리테일러 간, 그리고 온라인과 차별화할 수 있는 가장 근원적인 요소가 된다. 예를 들면 앞에 언급한 쇼필즈에서는 방문할 때마다 새로운 브랜드, 신기한 브랜드를 발견하는 '발견의 재미'라는 가치를 얻을 수 있고, 나이키 플래그십 매장에서는 미래에 온 것 같은 매장 콘셉트에서 '짜릿함'이라는 가치를 발견할 수 있다. 성수동 카페.봇에서는 드립 로봇drip bot이 나를 위해 만든 커피 한 잔, 케이크 한 조각을 먹는 '재미'라

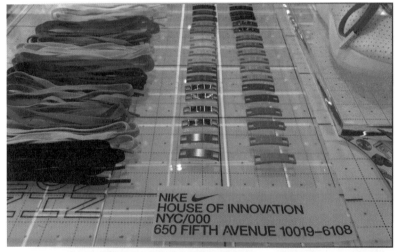

혁신적인 기술과 서비스를 제공하는 나이키 플래그십 매장 '하우스 오브 이노베이션'(위)과
커피에 관한 공감각 경험을 선사하는 맥심플랜트(아래).

는 가치를 얻을 수 있고, 아크앤북에서는 책으로 만든 아치arch 형 '책 터널'을 비롯해 매장 곳곳에서 예술적 감성을 느낄 수 있는 '공간 체험'이라는 가치를 얻는다.

즉 각각의 매장들만이 제공할 수 있는 가치, 그리고 그것을 풀어내는 방식, 이것이야말로 오프라인 매장들이 앞으로의 전략적 방향을 제대로 정의하고 추구해나갈 수 있을 것인가에 대한 열쇠다. 이는 고객의 매장 유입을 위해 '오프라인 매장에서만 사용 가능한 프로모션'을 제공하는 것 같은 단기간의 목적을 위한 단편적인 전술tactics과는 다르다. 예를 들어 시장조사 기관 이마케터eMarketer는 2019년 10월 글로벌 소비자 5110명을 대상으로 온라인에 비해 오프라인 매장이 가진 단점이 무엇인가를 조사해보았다.[23] 계산대에 길게 선 줄, 구입하려는 상품의 품절, 상품 찾기의 어려움, 상품 선택에 있어 정보의 부족 등이 가장 큰 단점으로 꼽혔다(41쪽 표). 따라서 오프라인 매장이 재고 관리를 잘해서 품절을 방지하거나, 계산대를 많이 배치해서 계산하는 데 걸리는 시간을 줄이는 것 등도 효과적인 방법이겠지만 이것은 전술에 가깝다. 전술로는 근본적인 차별화를 꾀하기가 힘들다.

리:스토어는 오프라인 매장을 보다 근본적으로 바라보고, 매장의 역할과 본질에 집중해 새로운 시각으로 그 강점을 부각시키는 전략적 접근이다. 리테일 본연의 목적은 '가치'를 더함으로써 차별화를 꾀하는 것이다. 앞서 이 책의 세 가지 전제로 1) 오프라인 매장은 중요성이 줄었지만 리테일에서 여전히 중요한 채널로 존재할 것, 2) 더 중요한 전제로

구매의 주 채널은 온라인으로 (이미) 넘어갔고 매장의 역할은 변해야 한다는 것, 3) 소비자들 역시 이미 변했고 경쟁 환경의 급격한 변화로 과거의 성공방식은 더 이상 유효하지 않다는 것을 언급했다. 나라마다 차이는 있지만 리테일에서 온라인이 차지하는 비중은 20~30% 정도이다. 한국은 온라인 비중이 높은 편으로 35% 정도인데, 10년 뒤에는 이 비율이 뒤집어질 가능성이 높다. 코로나19로 인해 언택트로의 이동이 가속화되고 소비자의 구매는 점차 온라인에서 가격 중심으로 이뤄지는 상황임을 감안할 때, 오프라인 매장 수는 줄이되 매장의 뚜렷한 아이덴티티와 고객의 시간을 점령하는 특별한 경험을 제공하는 방향을 큰 틀로 세워야 한다.

앞서 리:스토어의 출발점은 고객들에게 어떤 가치를 제공해 매장에 찾아오게 만들 것인가의 고민이라고 언급했다. 이는 어떻게 고객의 시

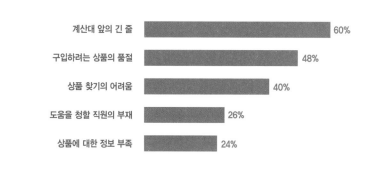

■ 오프라인 매장에서 쇼핑할 때 느끼는 불편함 ■

계산대 앞의 긴 줄 — 60%
구입하려는 상품의 품절 — 48%
상품 찾기의 어려움 — 40%
도움을 청할 직원의 부재 — 26%
상품에 대한 정보 부족 — 24%

출처 _ 이마케터, 캡제미니(2020년 1월)

간을 점령하는 매장을 만들 것인가의 고민이기도 하고, 한 번 방문한 고객들을 어떻게 재방문하게끔 유도할 것인가의 문제이기도 하다.

이런 질문들에 답을 하기 위해서는 '소비자가 '왜' 매장에 방문하는가'를 근본적으로 짚어볼 필요가 있다. 소비자는 상품을 구입하는 것 외에도, 새로운 상품을 둘러보거나 신기한 콘셉트를 구경하기 위해, 혹은 그냥 기분전환을 위해 또는 커피 한 잔을 마시며 휴식을 취하려고 매장에 방문한다. 소비 자체뿐 아니라 그 과정에서 얻는 즐거움, 오감을 통한 경험 때문에 오프라인 공간을 찾는 것이다. 이는 곧 매장이 상품 구매 이외의 목적을 달성시킬 수 있는 공간이며 매개체이기도 하다는 말이다. 이 점이 결국 온라인 웹사이트와 다른 오프라인만의 차별점이다. 그리고 언제든지 인터넷으로 최저가를 찾아 클릭 몇 번으로 상품을 구매할 수 있는 시대, 특히 코로나19 이후 언택트가 더 가속화할 환경에서도 살아남을 수 있는 핵심 경쟁 요소가 바로 이런 오프라인만의 가치인 것이다. 따라서 리:스토어 전략은 오프라인 매장에서만, 혹은 온라인보다는 오프라인에서 더 제대로 느낄 수 있는 경험과 가치 중심으로 추진해야 한다.

이 책에서는 오프라인 매장들의 본질에 충실해 온라인, 모바일과 차별화할 수 있는 전략 8가지를 다음과 같이 제시한다.

- Retail Therapy: 일상에서의 일탈을 만끽할 수 있는 공간 만들기
- Retailtainment: 기존 콘셉트를 살짝 비틀어tweak 재미와 영감 제공하기

- Retail Lab: 실험적인 '신선함'으로 고객의 시간 점령하기

- Reinventing Space: 인더스트리얼 스타일로 트렌디함 리드하기

- Re-Analog: 진화한 아날로그 감성 매장 구현하기

- Re-Physital: 온라인의 편의성을 오프라인 공간에서 구현하기

- Re-Clean: 매장의 면역력을 높여 '클린 쇼핑' 제공하기

- Re-Green: 세련되고 '쿨'한 친환경 경험 제공하기

이 책에서 다룰 리:스토어 전략들은 쿠팡과 마켓컬리, 모바일로 모든 소비의 필요가 충족된다고 생각하는 수많은 소비자들을 실제 매장으로 이끌기 위한 방법들에 중점을 두었다. 또한 대형 리테일러뿐 아니라 중소기업들도 한 가지 또는 두 가지 전략을 적절히 녹여 적용할 수 있도록 구체적인 예시들도 제시해놓았다. 물론 이 책에서 제공하는 인사이트들이 모든 카테고리의 정답이나 만병통치약이 될 수는 없겠지만 방향성을 수립하는 데 조금이나마 도움이 될 수 있을 것이다.

단기적 위기에 흔들리지 않는, 보다 더 지속가능한 매장으로의 성공 여부는 고객에게 전달하는 감성, 경험, 영감 등을 얼마나 구체화하여 구현하느냐에 달려 있다. '기존의 관점에서 벗어난(Think outside of box)' 하나의 요소가 그 성공의 핵심일 수도 있다. 그런 면에서 매장에 대한 새로운 시각이 필요함을 염두에 두고 이 책을 읽어주길 바란다. 그렇게 해서 각각의 상황에 맞게 오프라인 매장의 넥스트 챕터를 새롭게 정의하는 데 이 책이 도움이 되길 진심으로 기원한다.

리:스토어 전략은 기존의 비즈니스 방식을 다 버려야 한다는 것을 전제로 하지 않는다. 그렇지만 지금까지 고수해왔던 기존 방식을 객관적으로 재고再考할 필요는 있다. 또한 장기적인 시각도 필요하다. 코로나 19로 인해 5년 뒤 미래가 이미 다가온 현실이 되어버렸고, 오프라인 매장들의 위기가 피부로 느껴질 정도로 심각해졌다. 하지만 지금 어렵다고 6개월 뒤, 1년 뒤만 바라보고 매장 경험을 계획한다면 코로나 이후, 즉 포스트 코로나 시대에 또 다른 새로운 국면에서 위기를 맞을 수도 있

다. 단기적으로는 조만간 코로나19 백신이 나올 수도 있고, 현재 상황이 예상보다 더 길어질 수도 있다. 그렇기 때문에 단기와 중·장기 시각과 비즈니스의 비전을 함께 고려해야 한다. 그런 의미에서 리:스토어 전략은 기존의 접근에서 간과하고 있었던 문제점 혹은 변화를 통해 기회를 포착할 수 있는 시각과 그에 맞는 전략들을 제시한다. 오프라인 아포칼립스Apocalypse(종말)가 아닌 오프라인의 재탄생, 오프라인 르네상스를 위하여.

RETAIL THERAPY

리테일 테라피

치유와 휴식, 커뮤니티 공간이
오프라인만의 만족감을 높이다

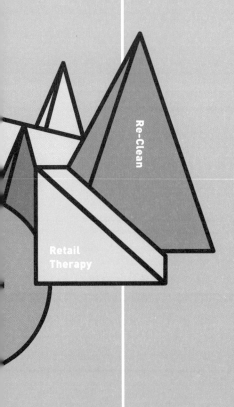

Re-Clean

Retail
Therapy

RETAIL THERAPY

"인생이 고단할 때 그 고단함이 쇼핑을 하게 한다."

When the going gets tough, the tough go shopping. (Marshall, 1991)

　미국 미시간에서 석사과정 유학을 시작했을 때였다. 도착한 지 며칠 안 되어 학과 선배에게 동행을 부탁해 기숙사에서 필요한 생필품을 사러 마이어Meijer라는 대형할인점에 갔다. 참고로 마이어는 1934년에 미시간 주에서 창업해 미국 중부 지역에 248개 매장을 운영하고 있는 대형할인점 체인업체다. 차로 이동하는 도중에 선배에게 "여기서는 다들 뭐 하고 지내요?"라고 물어보니, 다들 마트에 간단다. 의외의 대답에 내가 "네?"라고 되물으니, "시간 날 땐 마트 가서 이것저것 구경하기도

사람들은 쇼핑을 통해 상품을 구매할 뿐 아니라 긍정적인 감정도 느낀다.

하고, 아마 너도 마트에서 선후배 만나고 친구도 만나고 하게 될 거야" 라는 대답이 돌아왔다. 그땐 취미 삼아 마트를 구경하고 거기서 친구도 만나게 될 거라는 말이 잘 이해가 되지 않았는데 반 년 정도 지나니 그 이유를 알 법했다. 마트에 가는 것이 '동네 마실' 가는 셈이었던 것이다. 이후 나도 시간이 나면 마실 삼아 마트에 다녀오곤 했다. 어떤 면에서 는 고독한 유학생활 속에서 찾은 작은 재미였고 실제로 친구들과 모여 마트에 놀러가는 재미가 쏠쏠했기 때문이다.

우리는 종종 쇼핑으로 '힐링healing'을 하곤 한다. 스트레스가 쌓였을 때 분위기 좋은 레스토랑에서 스테이크에 와인으로 스트레스를 풀기도 하고, 좋아하는 브런치 카페에 가서 친구와 수다도 떨고 맛있는 음식을 먹으며 기분을 전환하거나, 구입을 망설이던 상품을 그냥 '질러버리고' 나서 약간의 통쾌함을 느끼기도 한다. 요즘에는 이처럼 나 자신의 행복을 위한 조금 넘치는 소비를 '플렉스flex한다'고 말하기도 한다. 플렉스는 사전적으로 '구부리다'라는 뜻이지만 미국 힙합 문화에서 래퍼들이 자신의 부와 사치품을 뽐내는 모습에서 유래돼 젊은 층을 중심으로 '과시하다', '뽐내다'라는 의미로 쓰고 있다. 이런 표현과 과시적 소비 행위는 보통 자신의 정체성을 나타내기 위한 것이다. 예를 들면 '나 고급 브랜드 좋아해' + '나 고급 브랜드를 살 수 있는 사람이야' 같은 과시욕을 드러내는 심리적 동기에 기인한다.

소비자심리 분야에서 가장 저명한 《소비자심리학 저널Journal of Consumer Psychology》을 보면 감정과 소비의 관계에 대한 논문들이 많다. 한 예로 니티카 가그Nitika Garg와 제니퍼 러너Jennifer Lerner는 사람들이 슬픔을 느낄 때 무의식적으로 새로운 상품을 원하기도 하고 건강하지 않은 음식을 소비하는데, 이는 인간이 슬픔을 느낄 때 절박함이 강화되기 때문이라고 한다. 이들은 슬픈 감정이 소비에 끼치는 영향은 자기통제력을 강화시키면 줄어든다는 점도 알아냈다.[1] 소비자심리 측면에서 보면 기분이 나쁠 때 소비욕구가 높아지거나, 소비를 함으로써 기분이 좋아지는 것은 자연스러운 인간 심리라고 할 수 있다.

리테일 테라피가 새롭게 주목받는 이유

소비 행동을 통해 감정을 조절하는 것을 '리테일 테라피Retail Therapy' 라고 부른다. 케임브리지 사전은 리테일 테라피를 '불행하다고 느낄 때 자신을 위해서 특별한 것을 구매하는 행위'라고 정의한다. 이 책에서는 리테일 테라피를 '소비자의 감정을 긍정적으로 변환시키는 리테일 비즈니스'라고 정의하기로 한다. 이 챕터에서는 스파, 놀이공원 등 서비스 특성상 이미 리테일 테라피 성격을 지닌 비즈니스는 제외한다. 대신 '리테일 테라피'라는 표현을 통해 리테일의 역할이 단순히 상품과 서비스를 제공하는 데 그치지 않으며, 인간의 감정 치유와 정서 전환에 도움을 주고 있다는 사실을 강조한다. 경기가 안 좋을 때 여성들의 립스틱 구매가 늘어나거나 치마 길이가 짧아지는 것도 작은 소비 변화를 통해 위축된 소비심리를 위로하려는 기저심리 때문이다. 즉 리테일은 마사지나 실제 의학적인 치료는 아니지만 치유와 정서 전환의 경험을 제공할 수 있다.

'치유와 정서 전환을 위한 소비'라는 문구가 낯설게 느껴질 수도 있겠다. 그렇다면 우리에게 익숙한 광고 메시지들을 한번 떠올려보자. 프랑스 화장품 회사 로레알L'Oreal의 대표적인 광고 문구 "나는 소중하니까요Because I'm worth it"는 로레알이 1973년부터 무려 40여 년간 사용해온 슬로건이다. 이후 '나'를 강조하는 게 부담스럽다는 소비자들의 의견을 반영해 '나' 대신 "당신은 소중하니까요Because you're worth it"로 바꾸었

리테일 테라피를 대표하는 로레알의 광고 문구, "나는 소중하니까요."

다. 하지만 나를 위한 소비라는 핵심은 사라지지 않는다. 한때 유행했던 현대카드의 광고 문구 "열심히 일한 당신 떠나라"도 같은 맥락이다. 욜로YOLO(You Only Live Once)와 플렉스 등의 표현도 근본적으로 자신을 위한 보상적인 소비를 의미한다.

리테일 테라피의 메커니즘은 두 가지로 구분할 수 있다. 하나는 단기적 시점에서 어떤 성과에 대한 보상을 의미하는 보상적 소비 또는 정서 완화를 위한 소비다. 다른 하나는 스트레스, 심리적 결핍이나 우울 등을 치유하는 방식의 하나로 이용되는 대응 전략coping strategy으로서의 소비다.[2] 이러한 구분은 학계에서 정의하는 소비 가치와도 연관이 있다. 예를 들어 고객관계관리CRM 분야의 권위자이자 소비학자 잭디시 세스Jagdish Sheth와 그의 동료들은[3] 소비 가치를 물리적인 효용에 기반한 기능적 가치functional value, 상황에 따른 조건적 가치conditional value, 공유에 기반한 사회적 가치social value, 감정적 가치emotional value, 그리고 호기심이나 신기함 같은 인식적 가치epistemic value, 5가지로 분류했다.

리테일 테라피 메커니즘과 소비 가치를 리:스토어 관점으로 풀어내면 리테일 테라피를 세 가지 방식으로 제공할 수 있다. 첫째는 매장 안에 자연을 담아 도심 속에서 잠깐의 휴식을 경험할 수 있게 디자인하는 것, 둘째는 디지털 디톡스 경험을 제공하는 것, 셋째는 커뮤니티 기반 소셜 커넥션과 사회적·경험적 소비를 제공하는 것이다.

도심 속 매장에 자연을 담다

우리가 휴가를 가는 목적은 무엇인가? 일상에서 벗어나 휴식을 취하고자 함이고, 그러기 위해서 대부분 바다나 산을 찾아간다. 숲속에서 피톤치드의 산소를 맘껏 들이마시고 파도소리를 들으며 일상에서 지친 심신을 자연의 에너지로 재충전하려는 것이다. 오션뷰가 아름답기로 유명한 부산의 웨이브온Waveon이나 속초의 바다정원 같은 매장들이 인기 있는 이유다.

플랜테리어를 통해 자연에 와 있는 듯한 쾌적한 기분을 선사하는 아마존의 더 스피어스.

하지만 우리는 매번 휴가를 떠날 수 없고, 리테일 매장들이 모두 바닷가에 위치할 수도 없다. 그렇다면 도심에서는 어떻게 자연을 이용해 도시인들에게 필요한 리테일 테라피 경험을 제공할 수 있을까? 가장 먼저 떠오르는 생각은 나무를 이용하는 방법일 수 있겠다. 나무와 숲을 인테리어 요소로 하는 플랜테리어planterior(plant+interior)다. 예를 들어 시애틀 아마존 본사 옆에 유리돔 3개가 붙어 있는 형태로 지은 더 스피어스The Spheres를 살펴보자. 더 스피어스는 넓이 3700제곱미터, 높이 30미터에 이르며, 최대 800명을 수용할 수 있는 4층 구조물이다.[4] 이 건물은 아마존이 7년간 40억 달러(4조 8000억 원)를 투자해 2018년 1월 30일에 선보인 야심작으로 전 세계에서 공수한 400여 종의 식물 4만 점이 자라고 있는 식물원이자 아마존 직원들의 미팅 장소이다. 아마존 직원뿐 아니라 일반인들에게도 개방해 시애틀의 랜드마크가 되고 있다. 실제로 가보니 열대우림을 연상시키는 숲과 계단을 따라 자라는 식물들, 돔 건물 꼭대기까지 자연을 품은 모습을 볼 수 있었고, 기하학적 오각형 모듈을 이용해 공간을 구성한 것도 특이했다. 테이블과 의자들이 여기저기 숨어 있는 공간들도 많아 2층에 자리 잡은 카페에서 커피 한 잔을 들고 숲속 의자에 앉아 휴식을 취하면 마치 다른 세상에 있는 기분이 든다. 더 스피어스는 자연과 독특한 공간 안에서 직원들의 창의성이 높아진다는 연구 결과를 기반으로 만들었다고 한다.

아마존의 더 스피어스는 상업적인 목적은 약하지만 플랜테리어를 통한 공간 구성에 시사점을 주는 사례다. 매장에 자연을 담아 리테일 테라피 경험을 제공하는 데 있어 어떤 점들을 고려하면 좋을지 잘 보여준다. 우리나라에서는 아직 드문 콘셉트지만 점점 더 관심이 커지고 있는 영역이다. 가장 유사한 사례로는 서울 성수동에 위치한 아모레성수가 있다. 아모레성수는 뷰티라운지 매장 안에 자연을 담아내는 식으로 리테일 테라피를 접목했다. 'ㄷ'자형 건물이 둘러싸고 있는 성수가든은 한라부추, 비비추 등 한국의 식물로 꾸며놓았고, 매장 내 자리들은 계절 감각을 느낄 수 있도록 성수가든을 바라보게 배치했다. 또한 사색할 수 있는 '초록' 공간을 마련해, 큰 창을 통해 깊숙이 들어오는 햇빛을 감상하게 해놓았다. 아모레성수 옥상에서는 해 지는 저녁 멋진 노을이 깔린 성수동 풍경을 감상할 수 있다.[5]

아모레성수는 1945년 창립한 아모레퍼시픽이 2019년 10월 오픈한 '아모레가 생각하는 아름다움을 체험할 수 있는 새로운 뷰티라운지'다. 업계 최초로 브랜드 전 제품을 체험할 수 있는 공간을 만들기 위해 3층 건물 300여 평 규모에 30여 개 브랜드 3000여 개 제품을 비치했다. '화장품을 파는 공간이 아닌 화장을 잘 할 수 있는 공간'으로 조성하기 위해 수많은 상품과 테스트 장을 마련해놓았다. 아모레성수에서는 기본적으로 상품 판매를 하지 않는다. 다만 아모레성수만을 위해 디자인된 '성수토너'만 예외로 구입이 가능하다. 상품 판매를 일절 하지 않는 것은 공간 안에서 편안함과 자연과 사색에만 집중할 수 있도록 배려한 것이다. 아모레성수 방문자 수는 오픈 한 달 만에 1만 5000여 명을 넘었다.[6] 아모레성수 같은 대형 리테일러들은 투자비용과 운영비용, 시설

도심 속 자연의 휴식감을 제공하는 아모레성수.

관리비를 들여 뷰가 좋은 바닷가 같은 곳에 대규모 매장을 오픈할 만한 여력이 있다. 그것이 브랜드가 가진 힘이고 그 안에서 만들어진 콘텐츠의 힘이기도 하다.

반면 소규모 매장이라도 도심 속 무릉도원에 들어선 듯한 휴식감을 느낄 수 있는 공간으로 탈바꿈한다면 고객을 매장으로 유입할 수 있다. 평창동의 카페&가든 그라운드62는 카페 자체는 크지 않지만 도심 속 휴식 공간이라는 콘셉트에 충실한 공간이다. 컵에 쓰인 "Relax and enjoy the scenery!(편안하게 전경을 즐기세요!)"라는 문구가 이 카페의 정체성을 보여준다. 우선 실내 공간에는 색색의 빈백bean bag을 일렬로 놓아 편안한 분위기를 연출했다. 빈백에 누워 전면 유리를 통해 보이는 야외 테라스와 북악산 경치를 감상할 수 있다. 야외에는 잔디가 깔린 정원에 멀찌감치 배치된 테이블들이 있다. 푸른 잔디의 공원에 온 것 같은 느낌, 평창동 주택과 북악산까지 탁 트인 전망으로 방문 고객들에게 일종의 휴식처가 되어준다.

디지털 디톡스 체험의 중요성

2019년 기준 미국인들이 모바일 기기에 사용하는 시간은 59쪽 표에서 알 수 있듯이 하루 3시간 43분으로 TV보다 더 길다[7]. 모바일 기기 사용 시간의 70%인 2시간 55분을 스마트폰이 차지한다. 코로나19로 인해 디지털이 생활의 기본이 되는 속도가 더욱 빨라지면서 역으로 디지털과 거리를 두고 쉼과 휴식 등을 강조하는 경험, 즉 디지털 디톡스에 대한 관심도 커지고 있다.

현대인의 디지털 집중화는 각종 신조어를 낳았다. 스마트폰 접근이 제한될 때 느끼는 두려움을 의미하는 노모포비아nomophobia는 '오버-커넥션 신드롬over-connection syndrome'이라고도 불린다. 전화기를 잃어버리거나, 인터넷 연결 상태가 약하거나, 스마트폰 배터리가 언제 방전될지 몰라 느끼는 불안, 즉 테크노스트레스technostress도 그중 하나다. [8] 10년 전 밀레니얼 세대의 주의력 지속 시간이 20초였는데, 요즘 Z세대의 주의력은 불과 8초에 그친다고 한다. 그만큼 콘텐츠와 관심거리가 많아 한 곳에 집중하기 힘든 환경이다. 또 포모FOMO(Fear of Missing Out) 증후

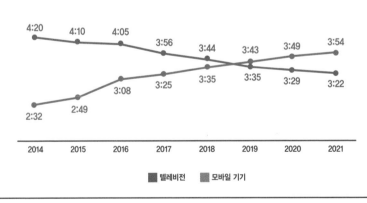

■ 미국인이 TV와 모바일 기기에 사용하는 시간 추이와 전망(2014-2021) ■

텔레비전: 4:20, 4:10, 4:05, 3:56, 3:44, 3:43, 3:49, 3:54
모바일 기기: 2:32, 2:49, 3:08, 3:25, 3:35, 3:35, 3:29, 3:22

2014 2015 2016 2017 2018 2019 2020 2021

■ 텔레비전 ■ 모바일 기기

출처 _ 이마케터(2019년 5월)

군은 사회적인 관계, 혹은 인맥관리를 위해 소셜미디어를 끊임없이 확인하게 만들고, 본인 게시물에 '좋아요' 개수가 기대에 미치지 못하면 우울감에 빠지기도 한다.

리테일에서는 '하이퍼-커넥티비티 hyper-connectivity(초연결)'라는 용어가 생겨날 정도로 소비자와의 연결성이 중요하다. 기업들은 연중무휴 끊임없는 서비스를 제공하기 위해 챗봇을 도입하고, 디지털 커머스에서도 유튜브나 라이브 스트리밍을 통해 콘텐츠 제공자와 뷰어 사이의 실시간 소통을 강조한다. 반면 최근에는 이런 끊임없는 디지털 노출의 부작용 때문에 역으로 느림, 쉼 등을 강조한 디지털 디톡스 상품과 서비스들도 속속 나오고 있다.

먼저, 명상이나 마인드풀니스 mindfulness(마음챙김)를 강조하는 앱들이 다수 출시되고 있으며, 오프라인 중심의 디지털 디톡스 경험을 원하는 소비자들에게 관련 상품과 경험을 제공하는 서비스들이 생겨나고 있다. 단적인 예로 미국 필라델피아에 있는 라콜롬브 La Colombe처럼 인터넷 와이파이를 제공하지 않는 카페들이 등장했고, 새틀라이트 Satellite는 인터넷 회사이지만 2020년에 국립공원 내 캠핑카에서 인터넷 서비스 없이 48시간을 보내는 사람에게 1000달러를 지불하는 '디지털 디톡스 챌린지 digital detox challenge'를 개최하기도 했다.

보스턴의 최고급 호텔 만다린 오리엔탈 Mandarin Oriental은 '디바이스-프리 웰니스 리트릿 Device-Free Wellness Retreat' 상품을 판매한다. 1인당 615달러에 4시간 20분짜리 프로그램으로, 퍼스널 트레이닝, 요가·필라테스, 히말라야 솔트 스톤 마사지, 비스포크 페이셜bespoke facial(고객의 개별 취향을 반영한 피부 클리닉) 등을 받을 수 있다. 이 프로그램의 핵심은 체크인할 때 스마트폰을 맡겨 디지털 접촉을 의도적으로 없앤 것이다. 뉴욕의 더제임스노마드The James Nomad 호텔도 이와 비슷한 프로그램을 운영한다. '테크 프리technology-free'를 선택하면 숙박비의 10%를 할인해주고, 디지털 디톡스 패키지에 참여하려면 스마트폰과 다른 기기들을 호텔 체크인 시 맡겨야 한다. 호텔방에는 TV, 랩톱, 심지어 알람시계도 없다. 어떤 방해 요소도 없이 명상과 요가 등 웰니스 옵션에 집중할 수 있는 환경을 조성하기 위해서다.

한편 캘리포니아 주의 트리본즈 리조트Treebones Resort에서는 1박당 300달러의 비용으로 멋지게 꾸민 온수 욕조와 풀서비스 레스토랑이 갖

인터넷 서비스 없이 자연 속에서 디지털 디톡스를 경험할 수 있는 트리본즈 리조트 글램핑장.

취진 장소에서 글램핑을 즐길 수 있다. 독립된 각 숙소에 태양광으로 돌아가는 LED 조명, 펌프, 식수 필터링, 샤워 시설이 갖춰져 있다. 세계적 건축가 해리 게스너Harry Gesner와 패트리샤 디마리오Patricia DiMario가 디자인한 친환경 고급 텐트가 제공되는데, 텐트 하나 가격이 무려 1억 2000만 원에서 2억 4000만 원에 달한다.[9] 일반 리조트나 글램핑장과의 가장 큰 차이는 인터넷 서비스가 없다는 것이다. 응급 시 사용할 수 있는 전화만 제공된다. 리조트 매니저는 한 인터뷰에서 부모들이 아이들 한테 인터넷을 언급하지 말아달라고 부탁한다는 점을 밝히기도 했다.[10] 디지털에서 벗어나 가족 간의 시간을 보내기 위해서다. 이런 디지털 디톡스 프로그램은 비싼 가격에도 불구하고 사방으로 연결된 디지털 환경에서 벗어나려는 사람들의 발길이 끊이지 않는다.

한국의 숙박 큐레이션 플랫폼 스테이폴리오Stayfolio도 일상과 디지털 홍수에서의 일탈을 내세워 주목을 끌고 있다. 이곳에선 일종의 '자발적 고립의 즐거움'을 제공한다. 이들이 추천하는 숙소는 심신의 휴식과 머무는 순간에 집중할 수 있는 공간이다. 예를 들어 경복궁 서쪽 서촌마을 누하동의 좁고 긴 골목에 위치한 10평 남짓한 '누와'라는 공간에서는 '와유臥遊' 풍류를 즐길 수 있다. '와유'란 누워서 책이나 그림을 보며 유람한다는 뜻이다. 자체적으로 20여 곳을 운영하고, 100여 개의 차별화된 숙박 네트워크를 보유하고 있다.[11] 누와 이외에도 비어 있는 한옥이나 단독주택, 관광지가 아닌 로컬의 독특한 장소들을 큐레이션했다. 숙소를 '여정', '지금', '달콤한 아침', '스테이 그린 클린Stay Green Clean' 등으

서울 서촌에 위치한 '누와'에서는 느긋하게 풍류를 즐기며
휴식을 취할 수 있다.

로 묘사하는 부분도 인상적이다. 하루 숙박비가 28만~33만 원 정도로 호텔급이지만, 한옥 한 채가 오롯이 내 것이 되고 그 안에서 일상과의 단절을 통한 공간의 즐거움에 집중할 수 있어 2030 밀레니얼 세대에게 인기가 많다.

소셜 커넥션을 강조하는 경험적 소비 공간

세 번째 전략은 쇼핑 공간의 커뮤니티에 집중하여 매장의 기능적 가치뿐 아니라 소속감 등의 감정적 가치를 제공하는 것이다. 《소비자심리학 저널》에 따르면, 경험적 소비는 사회적 관계성을 향상시키고 타인과의 비교감을 줄여 결과적으로 개인의 '사회적 웰빙' 수준을 높인다고 한다. 심리학자 다윈 구에바라Darwin Guevarra와 라이언 하월Ryan Howell [12]은 미국 소비자들에게 1) 보석류나 의류 같은 상품, 2) 책이나 악기처럼 경험을 제공하는 상품, 3) 외식, 콘서트, 여행 등 생활 경험 중에서 하나를 선택하게 하고, 향락적인 웰빙과 주관적인 경제적 가치평가(돈을 잘쓴 것인가)에 답하게 했다. 그랬더니 생활 경험(3)과 경험을 제공하는 상품(2)이 일반 상품(1)보다 향락적인 웰빙 수준이 높았다. 경험을 제공하는 상품과 생활 경험의 향락적 웰빙은 비슷했다. 이 결과는 주관적인 경제적 가치평가에서도 비슷하게 나타났다. 이런 연구들은 상품보다 삶에서의 경험 소비가 소비자의 웰빙에 더 중요하다는 점을 시사한다.

공간에서 제공하는 콘텐츠는 경험재다. 콘텐츠 중심, 커뮤니티 중심의 복합문화공간이 늘어나는 추세고 이 역시 오프라인 매장들이 고려할 만한 전략이다. 미국의 신발 리테일러 중 가장 큰 풋로커Foot Locker는 2019년 8월 뉴욕 워싱턴하이츠에 커뮤니티 파워 스토어community Power Store를 오픈했다. 기존 매장들보다 훨씬 큰 약 840제곱미터의 공간은 신발 자체보다 경험에 초점을 맞춘다. 새롭게 출시된 스니커즈를 가장 먼저 확인할 수 있는 쇼케이스가 있고, 한정 아이템을 공짜로 얻을 수 있는 '언락 박스unlock box'라는 자동판매기를 갖추고 있다. [13] 또한 나이키 앱을 이용해 관심 있는 신발을 스캔하면 매장 내 재고를 확인하거나 매장 내 픽업을 예약할 수 있다. 스니커즈 팬들이 특히 트렌드에 민감하다는 점을 고려해 엄선된 로컬 브랜드들과 커뮤니티 기반의 지역 소비자와 브랜드 관련성을 높여주는 경험을 제공하고 있다.

예를 들어 매장 외부 벽화 작업을 위해 로컬 디자이너를 고용하거나, 'Way Up Uptown(부상하는 업타운)' 같은 지역색을 고려한 문구를 이용하는 등 지역성을 강조한다. 또한 지역 거주자 중 가족 단위가 많고, 특히 유모차를 끄는 여성들이 많은 것을 고려해 1층을 여성과 아이들 섹션으로, 2층을 남성용 섹션으로 구성했다. 2층에는 고객들이 스마트폰을 충전하거나 쉬면서 안락하게 머물 수 있는 액티베이션 라운지activation lounge도 마련했다. 주기적으로 라이브 음악 공연, 개강 이벤트, 아이들을 위한 워크숍 등을 개최하며 고객들이 꼭 신발을 구입하지 않더라도 매장을 찾아올 동기를 제공한다. 상품 구성 면에서도 로컬 디자이너들에게 전시할 수 있는 공간을 내어주며 로컬 디자이너와 로컬 소비자를 연결해주고 있다. 풋로커는 이렇게 다양한 측면에서 지역 소비자와의 관련성being relevant을 높여 하이퍼-로컬hyper-local(전면적인 로컬)을 지향하고 있다.[14]

국내에도 좋은 예들이 늘어났다. 도시문화 콘텐츠 기업 어반플레이Urbanplay는 오래된 유리공장을 리모델링해 1층에는 레스토랑과 카페를, 3층은 코워킹 스페이스, 4층은 문화 행사 공간을 갖춘 복합문화공간 연남장을 만들었다.[15] 이곳에서 팝업 스토어와 공연 등 다양한 행사를 열어 크리에이터들을 모으고, 그들이 개성 있는 로컬 콘텐츠를 만들고, 이것이 다시 소비자를 끌어들이는 자생 시스템을 구축하고자 한다. 이곳의 중심은 상품이 아닌 경험이다. 어반플레이는 동네 사랑방 같은 로컬 브랜드 편집숍 연남방앗간도 운영하고 있다. 즉 콘텐츠가 구심점이 되어 소비자들의 사회적 교류를 가능케 하고 공간의 가치를 높이는 것이다.

한편 성수연방도 복합문화공간으로서 화제를 모은다. 1970년대에

상품 판매보다 커뮤니티와 고객 경험에 초점을 맞춘 풋로커 커뮤니티 파워 스토어.

공장으로 이용되었던 성수동의 1700제곱미터를 리모델링했다. 성수연방은 사회, 문화, 라이프스타일을 모토로 "고대부터 이어진 길드Guild에서 그 개념을 착안, 공간을 큐레이션할 뿐 아니라 제조, 유통, 판매 분야별 스몰 브랜드들을 모아 구성원 간 가치 공유 및 관계 구축에 목적을 두는 커뮤니케이션 관점의 공간을 지향"한다.[16] 2019년 1월 오픈 당시 초입에 있는 편집숍 땅굴마켓에서는 여러 가지 생활용품을 판매했고, 2층에는 에디터가 선별한 책을 분류해서 판매하는 아크앤북이 있었다. 3층의 천상가옥이라는 통유리로 된 카페에서는 복도식 공간에 나란히 앉아 하늘을 감상할 수 있다. 'ㄷ'자 구조 중간 안쪽의 파빌리온이라는 공간은 계절마다 다르게 꾸며 인스타그램에 올릴 사진을 찍기에 최적인 공간으로 만들었다. 이후 '마스터셰프코리아' 출신 김태형 셰프의 피자시즌, 수제맥주 전문점 자파브루어리 등 로컬 브랜드를 입점시켰고, 2층 공장에서 공유공장 개념으로 존쿡델리미트의 육가공식품과 대만 음식점 샤오짠의 만두 등을 생산한다.[17]

이곳을 운영하는 오티디코퍼레이션OTD Corp.은 이미 잘 알려진 공간 플랫폼 기업으로, 식품을 생산하는 공장까지 오픈하고 브랜드 외연을 확장해 소비자들이 콘텐츠를 직접 보고 경험하게 함으로써 브랜드 진정성을 느끼게 해 판매에까지 연결시키는 선순환을 일으키고 있다.

크라우드 펀딩 1위 업체인 와디즈Wadiz는 온라인 플랫폼으로 시작해 2020년 5월 성수동에 '공간 와디즈'를 오픈하며 오프라인 공간으로 그 범위를 확장했다. 공간 와디즈는 메이커 maker(펀딩을 요청하는 주체)

고객들과의 접점을 통해 복합문화공간을 지향하는 연남장(위)과 공간 와디즈(아래).

와 서포터supporter(펀딩을 지원하는 주체)가 직접 소통할 수 있는 커뮤니티의 장이다.[18] 이곳은 서포터가 온라인에서만 볼 수 있던 제품들을 직접 보면서 펀딩을 결정하고, 실제 피드백까지 제공할 수 있는 통로가 된다. 지하 1층부터 3층까지 구성된 이 공간은 무채색의 심플한 인테리어, 시선을 가로막는 디스플레이를 지양하는 자유로운 소통 공간을 추구한다. 지하 1층 '스퀘어 Square'에서는 IR Investor Relations(투자자 관계) 행사와 스타트업, 문화·예술 클래스, 토크 콘서트 등을 진행한다. 1층 '스페이스Space'에서는 현재 펀딩 진행 중인 다양한 제품을 만날 수 있다. 2층 '플레이스Place'는 성공적으로 펀딩을 마친 제품을 구입할 수 있는 편집 숍인 '메이커 스토어Maker Store'가 마련되어 있다. 3층 루프탑에선 영화 시사회와 콘서트를 비롯하여 미식회, 패션위크, 네트워킹 파티 등 다양한 행사가 진행된다. 공간 와디즈는 메이커와 서포터가 연결되고 서포터가 새로운 메이커가 되는, 커뮤니티 중심의 복합문화공간을 지향하고 있다.

리테일 테라피 전략이 성공하려면

리테일 테라피는 몇 가지 측면에서 오프라인 리테일러들이 관심을 가질 만하다. 우선 소비자심리 측면에서 보면, 기분이 나쁠 때 소비욕구가 높아지거나 소비를 함으로써 기분이 좋아지는 것은 자연스러운 현상이다. 또한 "플렉스했어!"라는 말 속에 담긴 의미는 자신에게 주는 보상이자 정서 완화를 위한 소비일 수도 있고, 또는 과시를 통해 만족감을 느끼는 일종의 대응 전략일 수도 있다. 그런데 그런 경험은 실재성이 있을 때 더 와 닿을 수 있다. 그렇기 때문에 온라인보다 오프라인 공간에서 더 효과적으로 구현될 수 있다.

또한 하루 평균 52번 이상 스마트폰을 확인한다는 오늘날 현대인들에게 디지털 중독은 어느 한 사람만의 문제가 아니라 모두의 문제이자, 비즈니스에 있어 니치 마켓niche market(틈새시장)으로 떠오르고 있다. 코로나19로 비대면 문화가 가속화되고 원격 근무 등 디지털에 더 파묻힌 삶을 살면서 개인들은 삶과 일의 밸런스를 찾기 위해 의도적으로 노력하게 될 것이고, 그 노력은 오프라인 공간 중심으로 이뤄질 것이다.

리테일 테라피는 Z세대들도 적극적으로 찾아나서는 경험이다. 글로벌 컨설팅 기업 커니는 2019년 1500명의 미국 소비자들을 조사해 다음과 같은 결과를 얻었다. [19]

- 14~24세, Z세대 응답자들이 '정신건강상의 이유로 오프라인 쇼핑을 선호한다'고 답한 비율이 나이가 많은 응답자들보다 압도적으로 높음.

- Z세대 응답자의 81%가 오프라인 쇼핑을 선호하고, 73%가 매장에서 새로운 상품을 발견하기를 원함.

- 매장 방문을 선호하는 이유에 대해 50% 이상이 매장에서의 쇼핑이 소셜미디어와 디지털 세계와 단절될 기회를 주기 때문이라고 언급.

- 스트레스 때문에 건강과 웰빙 관련 상품을 구입하는 경우도 이전 세대들보다 훨씬 많음.

- Z세대의 46%가 자신들의 정신건강에 대해 우려를 표했는데 밀레니얼 세대는 오히려 그보다 적은 38%가 우려를 표함. Z세대의 23%가 쏟아지는 뉴스에, 22%가 소셜미디어에 압도당하는 느낌이라고 답함.

즉 나이가 어린 소비자들이 그들의 삶의 기반인 디지털에서 스트레스를 느끼며 피로감에서 벗어나고자 하는 욕구도 더 크다는 것이다. 생활 전체가 디지털에 둘러싸인 첫 세대인 상황이 오히려 디지털에서 벗어나고 싶게 만드는, 일종의 반대급부로 나타나는 현상으로 볼 수 있다. 물론 Z세대가 가격에 민감하며 온·오프라인 쇼핑 경험의 만족 여부가 구매를 유도하는 비율이 밀레니얼 세대보다 더 높다는 점들도 고려해야 한다.

리테일 테라피 전략으로 성공하기 위해서는 구체적으로 다음의 세 가지를 특히 유념해야 한다. 첫째, 소비자들의 재방문을 유도하기 위해 매장 콘텐츠를 주기적으로 업데이트해 공간에 신선함을 불어넣어야 한다. 한 예로 지난 5월 아모레성수는 인디살롱과 합작해, 씨앗이 줄기와 만발하는 꽃잎으로 변화하는 모습을 화려한 색감의 오브제로 표현한 '블루밍(blooming)'이라는 설치 미술을 선보였다. 규모가 큰 변화가 아니더라도 작은 테마나 이벤트, 또는 소품의 색상 등 작게라도 새로움을 불어넣어야 한다. 또한 상품을 판매하는 매장의 경우 밀집되게 진열하기보다는 공간의 '여백의 미'가 느껴지도록 디스플레이해야 한다. 빼곡히 들어선 상품들, 만물상의 피에로 쇼핑 같은 매장에서 마음의 여유를 느끼도록 하겠다는 것은 어불성설이다. 공간의 목적이 다른 만큼 디스플레이를 할 때도 다른 관점으로 접근해야 한다.

둘째, 리테일 테라피 전략은 매장 직원들의 역할, 특히 적절한 치고 빠짐이 굉장히 중요하다. 너무 많은 간섭과 참견도 피해야 하지만, 너무 무관심해 보이는 것도 유의해야 한다. 제일 좋은 방법은 고객이 원할 때만 다가가 '도슨트docent'로서의 역할을 하는 것이다. 도슨트란 '가르치다'는 의미의 라틴어 '도케레docere'에서 유래한 단어로 박물관이나 미술관에서 관람객들에게 전시품을 설명하는 안내인을 뜻한다. 이들은 전시품의 역사나 배경에 대한 지식을 공유하는 역할을 수행한다. 매장 직원이 도슨트 역할을 한다는 것은 상품에 대한 풍부한 지식을 가지고 소비자가 물어볼 때 적절한 설명과 조언을 해줄 수 있음을 의미한다. 리테일 테라피에서 주의해야 할 것은, 어느 정도 지식이 필요한 상품 카테고리의 경우 매장에 수많은 상품을 펼쳐놓고 '그냥 마음대로 보시오'라는 느낌을 주게 되면 오히려 역효과가 날 수 있다는 점이다.

이런 측면에서 아모레성수 매장에서 상품에 대해 질문했을 때 "QR 코드로 인터넷을 검색해보시면 알 수 있어요"라는 직원의 반응은 다소 아쉬웠다. 3000여 개의 상품을 만나볼 수 있고 모든 상품을 테스트해볼 수 있지만, 그 수많은 상품 중 내 피부에 맞는 제품을 선택하기란 쉽지 않다. '종이 카탈로그를 실물로 보는 느낌'만으로는 온전한 상품 체험이 불가능하다. 구입을 강요하지 않는 것, 정원을 바라보는 사색의 공간은 너무나 좋았지만 정작 아모레성수가 표방한 상품 체험과 브랜드 소통 이라는 측면에서 직원의 피드백은 약간 아쉬웠다.

이와 관련해 미국 밀레니얼 소비자들에게 인기 있는 뷰티 브랜드 중 하나인 글로시에Glossier는 벤치마킹 대상이라 할 만하다. 글로시에는 DTC 브랜드로 시작해 150만 명이 넘는 인스타그램 팔로워, 연 매출 1억 달러(1200억 원), 기업가치 12억 달러(1조 4000억 원), 총 1억 달러의 펀딩을 기록한 기업이다. 놀라운 점은 글로시에의 상품 개수가 40여 개에 불과하다는 것이다.[20] 뉴욕 플래그십 매장에서는 글로시에 시그니처 색상인 핑크색 점프슈트를 입고 손에는 아이패드를 들고 돌아다니는 직원들을 만날 수 있는데, 이들을 '오프라인 에디터offline editor'라고 부른다. 그들은 고객의 질문에 답하고 설명해주며, 고객이 원할 때 구매를 도와줄 뿐 구매를 유도하거나 강요하지 않는다. 심리적인 부담 없이 편안한 분위기에서 즐길 수 있는 눈높이 경험을 제공하기 위해서다. 또한 매장에 카운터는 있지만 계산대는 없다. 상품 구입은 오프라인 에디터의 아이패드를 통해 이루어진다. 계산을 마치면 시그니처 패키지로 포장한 상품이 담긴 에코백이 카운터로 이동되고 오프라인 에디터가 고객의 이름을 불러 상품을 전달한다. 스타벅스에서 고객의 이름을 불러주는 것처럼 브랜드와 고객 간 감정적 유대감을 높이기 위한 디테일이다. 매장 문을 열면 빨간 계단이 나오고, 그 계단을 올라가면 글로시에 시그니처 색상인 핑크와 화이트, 유리와 거울, 꽃으로 장식된 감각적인 매장이 펼쳐진다. 매장 한쪽에는 인증샷을 위한 공간이 마련되어 있으며 직원들의 눈높이 서비스 경험은 소비자들의 자발적인 콘텐츠화로 연결된다. 이런 접근 덕분에 글로시에의 뉴욕 플래그십 매장 매출은 평당 매출이 높기로 유명한 애플스토어보다 더 높다.

직원들이 도슨트의 역할을 하며 고객에게 눈높이 서비스를 제공하는 글로시에 플래그십 매장.

마지막으로, 본래 체험과 힐링에 중점을 두는 리테일 테라피 전략에서는 구매와 쇼핑의 접점을 잘 기획하는 것이 중요하다. 아모레성수 매장처럼 전시된 상품에 QR코드를 붙여놓은 매장의 경우 고객이 스마트폰으로 상품 정보를 찾아보고 온라인으로 구매할 수도 있다. 그래도 혹시나 해서 매장 내 상품 구입이 가능한지 물어봤더니 "회사 방침상 매장 판매는 하지 않습니다"라는 대답이 돌아왔다. 실제로 아모레성수나 글로시에 모두 구입을 강요하지 않으며, 아모레의 경우 상품에 붙어 있는 QR코드로 정보 찾기와 온라인 구입을 장려한다. 매장에서 QR코드를 통한 판매를 장려하는 형태는 옴니채널 전략의 일환으로 점점 더 많은 리테일러들이 이용하는 방법이다. 그런데 아모레성수의 경우 상품이 3000여 개나 되다 보니 QR코드만으로 문제를 해결하기엔 다소 무리가 있다. 구입 의사가 있는 고객에게 직원이 상품에 대해 조금만 더 설명해주고 적절한 제안을 해준다면 그 자리에서 곧장 온라인으로 구입까지 완료할 의지가 훨씬 높아질 것이다. 혹은 QR코드를 통한 상품 구입 시 이용 가능한 프로모션 등을 도입하는 식으로 약간의 '넛지'를 활용한다면 매장에서의 체험 만족도도 높일 수 있고 상품 구입으로 더 쉽게 연결할 수 있을 것이다. 이런 넛지는 매장에서 고객이 구입 의사를 지닌 그 순간에 가장 효과적이다. 매장을 방문한 고객이 집에 돌아가서 수고스럽게 다시 웹사이트에 들어가 구입까지 마칠 가능성이 얼마나 될까? 그 가능성을 한번 생각해보자.

　결국 리테일 테라피는 온라인에서 제공하기 힘든 오프라인 영역의 강점을 이용하는 전략이다. 리테일 테라피는 일상생활의 복잡함과 번잡함에서 벗어나 그 순간의 경험에 몰입할 수 있는 요소를 제공해야 한다. 그것이 자연이건, 디지털과의 단절이건, 로컬 콘텐츠로 소셜 커넥션을 강조하는 경험이건 일상에서 벗어나는 시간을 거쳐 오히려 중요한 것에 다시 연결되는(Disconnect to Reconnect) 순간을 제공할 수 있도록 설계해야 한다.

CHECK POINT

---

❶

리테일 테라피는 소비자의 감정을 긍정적으로 변화시키는 전략으로
단순 상품 구매와 쇼핑의 개념을 구분하여 적용해야 한다.

---

❷

자연을 느낄 수 있는 플랜테리어는 고객들에게 휴식감과 일탈감을 준다.

---

❸

디지털 의존도가 높아진 Z세대일수록 디지털 디톡스에 대한 수요가 높다.

---

❹

직원들은 고객들과 적당한 거리를 두되,
적재적소의 상황에서 깊이 있는 정보를 제공하는 도슨트 역할을 해야 한다.

2장

Re-Green

Retail
Lab

Re-Physital

Re-Analog

Retailtainme

Reinventing Space

RETAIL TAINMENT

유쾌한 리테일

콘셉트를 살짝 비틀어 재미와 영감을 제공하다

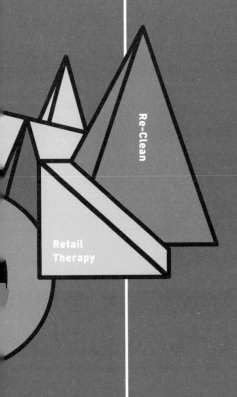

Re-Clean

Retail
Therapy

RETAILTAINMENT

아이스크림에 24K 순금을 입혀준다? 뉴욕에 위치한 마차앤모어 Matcha n' More 이야기다. 겉으로 보기엔 별다를 게 없는데도 알음알음 손님이 계속 찾아온다. 바로 순금을 입혀주는 아이스크림 때문이다. 아이스크림 콘 하나에 9달러(약 1만 원)라는 가격이 비싸게 느껴지지만 그만큼 특별하다. 직접 방문해보니, 매장 직원이 아이스크림에 순금을 입히는 작업을 볼 수 있어 흥미로웠고 맛도 맛이지만 무엇보다 콘셉트가 재밌었다.

그런가 하면 도미니크 앙셀 베이커리 Dominique Ansel Bakery는 크로넛 cronut(크루아상을 도넛처럼 튀긴 것)을 론칭해 당시 엄청난 인기를 끌었던 빵집이다. 그런데 최근에는 크로넛보다 다른 것 때문에 방문하는 고객들이 많다. 쿠키로 컵을 만들어 그 안에 우유를 부어주는 '초콜릿칩 쿠키 샷'을 맛보기 위해서다. 또 미국인이라면 남녀노소 가릴 것 없이 좋아하는 스모어s'more(구운 마시멜로와 초콜릿, 크래커가 들어간 디저트)를 아이스크림처럼 차게 만들어 선보이기도 했다. 보통 불에 구워 녹여먹는 스모어를 뒤집어 생각해 개발한 것이다. 이외에도 파티셰 도미니크 앙셀은 다른 베이커리에서 볼 수 없는 재미있는 아이템을 선보이며 손님의 발길을 이끌고 있다.

한편 2019년 포춘 500대 기업에서 85위를 차지한 TJ맥스TJ Maxx는 보물찾기의 즐거움을 안겨주는 할인매장이다. 전 세계 4300개 매장에서 비싼 명품 브랜드를 70~80%나 할인하는 경우를 종종 만나게 된다. 엄청난 할인을 찾아냈을 때의 즐거움! 이렇게 우리는 쇼핑을 통해 스릴을 맛보기도 하고 보물찾기를 한 것 같은 재미를 느끼기도 한다. 재미있는 상품을 접하건 TJ맥스에서 보물찾기에 성공하건, 이런 쇼핑의 순간은

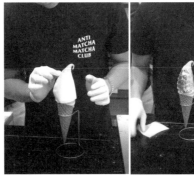

도미니크 앙셀 베이커리의 초콜릿칩 쿠키샷(왼쪽)과 마차앤모어의 순금 아이스크림(오른쪽).

우리 뇌를 자극해 도파민이라는 신경전달물질을 생성시킨다. 그리고 이로 인한 행복한 감정은 그 매장, 공간, 경험을 다시 찾게 만드는 동기가 된다.

그런데 생각해보자. 고객들에게 재미나 영감을 주려면 반드시 상품라인이나 매장에 큰 변화가 있어야 할까? 그래야 하는 경우도 있지만 기존 콘셉트를 살짝 비트는tweak 정도로도 충분할 때가 많다. 아이스크림 맛과 풍미를 강조하는 대신 아이스크림에 순금을 입히는 생각을 해내고, 쿠키에 우유를 곁들여 먹는 일반적인 방식 대신 쿠키를 컵으로 이용해 우유를 마시는 아이디어처럼, 너무도 당연한 상품 콘셉트나 경험의 요소에 '의외성'을 더하면 엄청난 콘셉트 변화나 투자가 아니라도 '재미있고 신선하다'는 느낌을 주고 매장에서의 경험을 차별화할 수 있다.

의외성이 결합된 결과는 크게 두 가지일 것이다. 재미를 자아내는 것과 영감을 불어넣는 것. 그런 의미에서 리테일테인먼트 전략을 재미와 영감, 두 가지 접근 방향에서 살펴보려고 한다. 이 전략을 잘 이용하면 현재 축소 중인 카테고리라도 새로운 고객층을 유입시킬 수 있다.

재미 1: 나이트클럽 같은 골프장

미국에서 골프장을 찾는 인구수는 줄어드는 추세다. 컨트리클럽에서 창출되는 비즈니스는 2020년까지 233억 달러에 이를 것으로 예측된다. 하지만 미국에서 2003년 3000만 명에 달하던 골프 인구는 2006년 2900만 명으로, 그리고 2018년 2400만 명 수준으로 감소했다.[1] 전 세계 3만 4000여 개 골프 코스의 45%가 미국에 있지만 18~34세 골프 인구는 지난 20년 동안 약 30%나 줄었다.[2] 컨트리클럽 수도 2006년 5000여개에서 3900개 수준으로 약 20%나 줄었다. 여기엔 여러 이유가 있겠지만 그중 하나는 한 게임에 4~5시간은 족히 드는 전체 18홀의 골프가 젊은 세대들에겐 지루하게 느껴지기 때문이다. 스마트폰과 디지털 세상에 감각적인 볼거리가 넘쳐나다 보니 정적인 스포츠인 골프가 인기를 끌지 못하는 것이다. 또한 일명 '골프 = 있어빌리티('있어 보인다'와 'ability'를 조합한 신조어)가 있는 스포츠'의 공식이 젊은 세대에겐 별로 유효하지 않다. 그런 탓에 새롭게 영입되는 골프 인구가 줄어들고 기존 골프 인구는 나이가 들어가면서 전체 골프 인구가 감소한 것이다.

그럼 젊은이들을 골프장으로 끌어들일 방법은 없는 것일까? 이런 고민을 재미로 풀어낸 골프장들이 있다. 공간을 주된 요소로 삼아 젊은이들도 가볍게 골프를 즐길 수 있도록 심리적 부담감을 낮춘 전략이 등장한 것이다. 우선 18홀 한 게임, 9홀 반 게임이라는 개념을 깨고, 3홀, 6홀 코스를 마련해 한두 시간만으로도 골프를 즐길 수 있게 했다. 인디언 웰스 골프 리조트Indian Wells Golf Resort는 '샷 인 더 나이트shot in the night'라는 야간 골프대회를 개최했다. 레이저가 뿜뿜 발사되고 DJ가 신나는 음악을 틀고, 푸드트럭을 배치해 마치 나이트클럽 같은 재미를 제공한다.[3] 야광 빛을 발하는 골프공을 가지고 현란한 레이저가 나오는

엔터테인먼트적 요소를 결합한 인디언 웰스 골프 리조트.

골프장에서 게임을 즐기는 것. 전통적인 골프 팬들에게는 너무 낯선 모습일 수 있지만, 역으로 생각하면 골프에 대한 심리적 진입장벽을 낮춰 골프를 가볍게 경험해볼 수 있도록 한 것이다. 이는 신규 고객이 매장을 찾게 하고 관련 서비스와 장비 구입으로도 이어질 수 있다는 점에서 효과적인 방법이라고 할 수 있다.

2019년 기준 미국에서 50여 개 매장을 운영 중인 톱골프Topgolf는 골프 이외의 재미를 제공함으로써 골프에 관심이 없는 젊은 세대들도 골프의 세계로 끌어들이고 있다. 골프가 중심이었던 기존 컨트리클럽과 달리, 음식과 재미를 주主 테마로 잡은 덕분이다. 루프탑 바와 레스토랑, 스포츠 바와 컨시어지concierge 서비스 등 기존 골프장과는 완전히 다른 콘셉트를 적용해, 재미있는 시간을 주된 요소로 골프를 서브 요소로 만들었다. 이곳은 컬러풀한 LED 조명에 비트 있는 음악으로 비디오 게임 같은 분위기를 풍긴다. 덕분에 2014년 1억 6300만 달러 매출을 올린 이후, 2019년 매출 3억 달러를 넘길 정도로 성장했다.[4] 일일 방문객이 평균 3만 5000명이고, 2019년 한 해 동안 1700만 명이 다녀갔다. 톱골프 매장 하나당 약 500개의 고용을 창출한다. 재미있는 점은 톱골프의 방문객 중 50% 이상이 골프를 칠 줄 모르고, 18~44세 사이의 젊은 고객이 주를 이룬다는 것이다. 한 조사에 따르면 톱골프에 처음 방문한 사람 중 23%가 골프를 시작했다고 한다. 놀라운 영향력이 아닐 수 없다.

골프장이라는 공간을 충분히 즐길 수 있도록 서비스 종류를 늘리고, 밀레니얼 부모 세대를 겨냥해 베이비시터 서비스도 제공하는 골프장도 생겼다. 예로, 캘리포니아 내파밸리 지역의 실버라도 리조트Silverado Resort는 골프뿐 아니라 스파와 테니스, 수영장 시설까지 구비해놓았고, 골프 아카데미와 레슨도 운영한다. 또한 골프와 테니스, 수영을 즐

톱골프는 기존 골프장의 모습을 완전히 버리고 재미 요소를 더해 골프 초보자들의 진입장벽을 낮췄다.

길 수 있는 여름캠프를 운영한다. 요금은 379달러이고, 캠프당 36명으로 인원이 한정되어 있다.[5] 텍사스의 브룩헤븐 컨트리클럽Brookhaven Country Club은 부모들의 육아 부담을 낮추는 데 집중해 주간보호 비용을 일반 센터들보다 낮게 책정했다.[6] 회원권에 대한 부담을 낮춘 컨트리클럽도 늘어나는 추세다. 일례로 애리조나 주에 위치한 피나클 피크 컨트리클럽Pinnacle Peak Country Club은 35~45세 고객들에게 1년간 무료로 멤버십 혜택을 누릴 수 있는 기회를 준다. 온타리오 주의 갤트 컨트리클럽Galt Country Club은 선착순 1000명에게 일정 기간 동안 멤버십 서비스를 제공하는 이벤트를 벌이기도 했다. 이렇게 다양한 프로그램을 갖추고 어린 자녀를 키우는 밀레니얼 세대의 고충pain point을 잘 공략한 골프장들은 방문 고객이 늘었을 뿐 아니라 이들이 클럽 멤버십으로 연결되는 동력을 확보할 수 있었다.

재미 2: 피자와 베이글을 제공하는 피트니스센터

코로나19 사태 속에서 의도치 않게 수혜를 본 영역이 있다. 바로 홈 피트니스 부문이다. 미국 대다수 주들에서 락다운lockdown(이동제한령) 조치가 취해지자 집에서 운동할 수 있도록 도와주는 디지털 기반 피트니스 서비스에 대한 사람들의 관심이 커졌기 때문이다. 일명 홈트(Home Training의 준말)의 대표주자는 펠로톤과 미러, 토널Tonal[7] 등으로,

이들 서비스는 코로나19로 인해 피트니스센터에 갈 수 없게 된 소비자들에게 큰 인기를 끌었다.

펠로톤의 헬스기기는 피트니스클럽에 버금가는 서비스를 제공한다.

펠로톤은 2012년 헬스기기 판매 업체로 창업한 이후, 2013년 크라우드 펀딩 서비스 기업 킥스타터Kickstarter의 캠페인을 통해 자금을 조달해 론칭한 피트니스 서비스다. 이번 코로나19 사태 기간 동안 펠로톤을 키워드로 검색한 조회 수는 무려 3배나 늘었고 분기 판매도 61% 증가해 2020년 3사분기 매출이 4억 2000만 달러에 이르렀다. 한 달에 12.99달러(디지털 멤버십) 또는 39달러(올 액세스 멤버십)를 지불하는 온라인 구독 서비스 회원 수도 88만 6000명으로 증가했다. 2020년 연 매출 17억 2000만 달러(약 2조 원), 서비스 이용자 수 약 100만 명을 넘어설 것으로 예측된다. [8]

펠로톤은 온라인을 통해 직접 판매하는 DTC 모델로 사업을 시작했지만 현재 미국에 37개 오프라인 매장과 2개의 스튜디오를 운영하고 있다. 풀 매장 또는 팝업 매장 형태로 쇼핑몰에도 입점해 다양한 규모로 오프라인 영역에서 소비자와의 접점을 늘려나가고 있다. 예약 후 매장에 방문하면 열정 넘치는 직원들이 펠로톤 바이크와 러닝머신 등을 고객에게 맞춰 조절해주고 물과 신발을 제공해주며 제품을 테스트할 수 있는 환경을 조성해준다. 덕분에 고객들은 펠로톤의 운동기구와 온라인 프로그램을 경험하는 데에만 집중할 수 있다.

이러한 홈트레이닝 서비스의 인기는 고스란히 오프라인 기반 피트니스센터들의 위기로 이어진다. 코로나19를 계기로 홈트의 이점을 경험한 소비자들을 다시 피트니스센터로 불러들이기는 더 어려워질 것이다. 오프라인 피트니스센터는 어떻게 소비자들을 매장으로 유도할 수 있을까?

플래닛 피트니스planet fitness에서 그 실마리를 찾아볼 수 있을 듯하다. 1992년 창업한 플래닛 피트니스는 미국 전역에 1700여 개 매장, 1250만 명의 회원을 보유하고 있다.[9] 플래닛 피트니스센터는 회원들에게 피자와 베이글을 제공하면서 유명세를 타게 되었다. 살 빼고 건강한 몸을 만들기 위해 운동을 하러 가는 피트니스센터에서 회원들에게 살찌는 음식으로 알려진 피자를 제공하다니, 궁금증이 앞설 것이다. 우선, 미국 국민 중 20%만이 헬스클럽 회원권을 가지고 있는데,[10] 플래닛 피트니스는 이들을 제외한 80%의 사람들을 공략했다. 헬스장에 가는 것에 심리적 부담을 느끼는 사람들을 타깃으로 삼은 것이다. 실제로 짐티미데이션gymtimidation(gym+intimidation)이라는 표현이 있을 정도로 많은 이들이 헬스장에 가는 것에 두려움을 느낀다고 한다. 단백질 보충제 제조업체 이소퓨어Isopure와 글로벌 시장조사 기관 원폴OnePoll이 실시한 조사에 따르면 조사 참가자 2000명 중 50%에 달하는 사람들이 짐티미데이션을 겪는 것으로 나타났다. 3분의 1에 해당하는 32%는 심지어 헬스장에서 멋진 몸매를 가진 사람들이 주변에서 운동하고 있을 때 위협감을 느낀다고 답했고, 17%는 이성이 주위에 있을 때 뭔가 걱정되는 감정이 든다고 답했다.[11] 이는 헬스장 회원권을 끊은 대부분의 사람들이 점차 방문 횟수를 줄이고 결국 그만 가게 되는 이유 중 하나다.

이런 고민을 반영한 플래닛 피트니스의 전략은 다음과 같았다. 우선 월 29달러에서 1996년 10달러로 멤버십 가격을 파격적으로 내렸고, 센터 자체를 가벼운 분위기로 꾸며 심리적 저항을 낮췄다. 운동 수업도 폐지하고 가장 많이 이용되는 러닝머신과 사이클 등 기본 유산소·근력 기구 위주로 공간을 구성했다. 퍼스널 트레이닝PT도 없애고 원하는 고객들에게만 도움을 주는 방식을 택했다. 또한 PF 30분 익스프레스 서킷PF 30-Minute Express Circuit을 만들어 신호등 불빛(녹색과 빨강색)에 맞춰 운동을 시작하고 휴식기를 갖도록 했다. 이를 통해 20개의 운동기구를 차례로 이동하는 것만으로도 30분 전신 운동을 마칠 수 있다.[12]

둘째, 플래닛 피트니스는 피자와 베이글 데이로 의외의 재미 요소를 더했다. 매월 첫째 주 월요일엔 피자(Pizza Monday), 둘째 주 화요일엔 베이글(Bagel Tuesday)을 무료로 제공한다. 이는 '평가가 없는 공간'을 추구하려는 것으로, 다른 사람들의 평가나 운동에 대한 두려움, 즉 짐티미데이션 없이 편하게 그 공간에서 시간을 즐기고 다른 이들과 어울려 시간

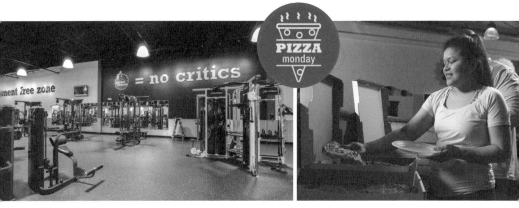

회원들의 짐티미데이션을 최대한으로 줄이고 피자와 베이글을 제공하며 재미 요소를 더한 플래닛 피트니스.

을 보내도록 장려하기 위한 조치다. 사실 1999년 '피자 주는 월요일' 전통을 시작할 당시엔 '베이글 주는 화요일'이 없었다. 이후 피자 주는 월요일의 인기가 높아지자 베이글 주는 날도 추가해 재미와 커뮤니티를 동시에 즐길 수 있는 공간을 만들었다. [13]

현재는 회원권 가격이 21.99달러로 인상되었음에도 새로운 회원이 계속 유입되고 있다. 2018년 매출은 전년 대비 30% 이상 늘었고, 기업 가치는 62억 달러(7조 4000억 원)에 달했다. 2015년 상장 때보다 기업가치는 네 배가 뛰었고 회원 수도 1250만 명으로 늘었다. 전체 회원 중 밀레니얼 고객이 차지하는 비중은 45%에 이른다. [14] 이렇게 플래닛 피트니스는 고객층에 대한 관점을 새롭게 정립하고 고객의 고충을 이해하는 서비스로 젊은 세대들을 매장으로 유도할 수 있었다.

영감 1: 매장의 쇼룸화를 보여주는 다이슨

매장 경험에 의외성을 더해 재미나 보물찾기 같은 기쁨을 줄 수 있는 한편, 다른 측면에서도 오프라인 매장 공간을 즐겁게 만들 수 있는 가치가 있다. 바로 공간에서 얻을 수 있는 자극, 즉 영감inspiration을 주는 것이다. 많은 경우 우리가 느끼는 감각은 알게 모르게 우리의 행동을 이끈다. 온라인·AR·VR이 제법 발달했다지만 호기심, 신기함, 신비감 등의 오감을 통한 자극은 아직까지 오프라인 공간에서 더 자연스럽게 느낄 수 있다.

영감을 위한 리테일테인먼트의 첫 번째 전략으로, 매장을 '진정한 의미의 쇼룸'으로 이용하는 접근방식을 강조하고자 한다. 사실 매장을 쇼룸으로 이용하는 접근법은 리테일의 일부 기능으로 존재해왔다. 예를 들어 우리가 거리에서 백화점 쇼윈도에 전시된 상품을 보는 것도 일종의 쇼룸 경험이다. 이케아는 한 매장당 평균 60개의 쇼룸을 가지고 있다. 이케아 제품으로 방, 거실, 부엌 등을 꾸몄을 때의 모습에 대한 상상력의 구현이자 고객이 자신의 집 인테리어에 필요한 영감을 받을 수 있도록 자극하는 것이다. 단, 유의할 점이 있다. 진정한 의미의 쇼룸이 되기 위한 기본 전제는 '상품 구입에 대한 부담'이 없거나 최소화되어야한다는 것이다.

매장 외관만으로도 영감을 주는 쇼룸의 상징적인 예는 뉴욕 맨해튼의 애플 플래그십 매장이다. 많은 사람들이 이 매장을 방문하는 이유는

2019년 9월 리뉴얼된 뉴욕 맨해튼 애플스토어.

'큐브cube'라 불리는 사각형 구조물과 큐브를 통과해 지하 매장으로 내려가는 투명 유리계단을 지나 만나게 되는 독특한 구조와 외관 때문이다. 애플은 2019년 9월 리뉴얼된 매장을 오픈했는데 큐브는 기존보다 두 배로 커졌고, 지하 1층으로 연결되는 계단은 스테인리스 스틸로 교체되었다. 역동적인 곡선형의 이 계단은 마치 새로운 세상에 연결되는 느낌을 준다. 천장도 높아졌고 18개의 유리로 만든 스카이렌즈 등으로 자연광을 늘렸다. 매장에는 작은 숲이 연상될 정도로 많은 나무들을 들여놓았다. 자연과 한층 더 가까워진 아름다운 곳에서 애플의 최신 상품을 발견할 수 있는 공간으로 리뉴얼한 것이다. 애플에 의하면 2006년 이후 무려 5700만 명이 이 플래그십 매장을 방문했다. 리뉴얼해 재오픈한 시점부터는 전 세계에서 유일하게 24시간 운영된다. [15]

이케아 쇼룸이나 애플 매장처럼 오감을 통한 자극과 영감 제공에 주력하는 또 다른 매장이 있다. 뉴욕의 다이슨Dyson 플래그십 매장이다. 우리나라에서도 인기 많은 가전 브랜드 다이슨은 약간 괴짜로 알려진 제임스 다이슨James Dyson이 창업한 영국 브랜드로 미국, 캐나다, 일본, 프랑스 등에 약 460개가 넘는 매장을 가지고 있다. [16] 《뉴욕타임스》는 다이슨을 '가전제품의 애플'이라고 칭했다. 애플이 어떤 브랜드인가? 혁신과 창조의 대명사이자 사람들의 상상력을 자극하는 브랜드다. 다이슨은 비싼 가격대에도 불구하고 2019년 글로벌 매출이 44억 파운드(약 57억 달러), 한화 6조 8000억 원을 넘었다. 2018년 대비 28% 성장한 수치이며 순수익이 무려 11억 파운드(약 14억 달러), 한화 1조 7000억 원에 이른다. [17]

다이슨의 460여 개 매장 중 뉴욕과 샌프란시스코, 런던, 상하이, 베이징 매장은 플래그십 쇼룸 매장으로 운영한다. 플래그십 매장의 목표는 소비자들이 온라인 쇼핑보다 '진짜 가서 보고 싶은' 매장을 만드는 것이다. 매장에는 계산대가 없고, 직원들은 '스페셜리스트 어시스턴트 specialist assistants'라고 불린다. 구입을 원하는 고객들이 있을 때는 판매 절차를 처리해주기도 하지만 직원들의 본래 역할은 고객들의 질문에 답하고 제품을 시연하는 것이다. 뉴욕 플래그십 매장의 경우 300제곱미터 규모에 블랙 컬러의 벽과 대비되는 화려한 컬러감과 마치 미사일을 해체한 듯한 전시물의 인테리어가 우선 눈길을 끈다. 상품들은 미술관 갤러리처럼 소수만 정성스럽게 전시되어 있고, 상품마다 미술작품 제목 같은 이름표와 가격이 옆에 놓여 있다. 이곳에선 카펫에 시리얼을 흐트린 후 다이슨 청소기로 청소를 해볼 수도 있고, 헤어드라이어로 머리를 직접 말려볼 수도 있다. 단순히 상품이 어떻게 작동되는지를 보여주는 수준이 아니라 마음대로 사용해볼 수 있는 것이다. 직접 방문했을 당시, 드라이어로 머리 컬을 만드는 시연을 구경하던 옆의 여성들은 "와우!"라는 감탄사를 끊임없이 연발했다. '이 정도의 매장이라면 다시 방문하고 싶다'라는 생각이 절로 들 정도였다. 이 매장은 상품을 판매하는 곳이 아니라 다이슨 브랜드의 기술과 철학을 소통하는 공간이다.

다이슨은 이런 쇼룸 전략을 전면적으로 도입하기 전에 우선 소규모로 데모 매장을 실험적으로 운영했었다. 2017년 90개 베스트바이 내에 숍인숍 개념으로 입점시켰던 3.7~39제곱미터의 '다이슨 데모 익스피리

상품들이 마치 갤러리 작품처럼 전시된 다이슨의 플래그십 쇼룸 매장.

언스Dyson Demo Experiences'가 그것이다.[18] 다이슨은 플래그십 쇼룸 매장 전략을 채택하기 전까지는 아마존을 포함한 온라인과 3자third-party 리테일러를 통해 제품을 팔았다. 하지만 오프라인 매장을 공격적으로 확장하고 특히 플래그십 매장을 이용하면서 다이슨의 혁신을 소비자와 직접 소통했고 이는 매출 향상으로 이어졌다. 2016년 런던 매장을 오픈했을 때 매출은 45%나 늘었고, 뉴욕 맨해튼 매장의 제곱미터당 매출은 약 3만 5000달러였다.[19] 다이슨의 플래그십 매장 전략은 소비자가 직접 만져보고 이용할 수 있도록 함으로써 오감을 통한 상품 경험에 집중해 그 매장에서만 경험할 수 있는 특별함을 제공하여 고객들의 발길을 매장으로 이끄는 것이다.

영감 2: 매장의 미디어화를 통한 브랜드 소통

플래그십 매장이나 쇼룸의 개념을 뛰어넘어 랜드마크로 여겨질 만한 매장으로 만드는 것도 영감 전략이다. 이는 매장을 실질적인 구매보다는 브랜드의 전통과 미래에 대한 비전을 소비자와 소통하는 데 중점을 둔, 즉 매장을 미디어화한 접근이다. 아이 웨어(선글라스, 안경 등) 브랜드 젠틀몬스터가 좋은 사례다. 2011년 김한국 대표가 창업해 선풍적인 인기를 끌면서 2015년 572억 원, 2018년 2264억 원까지 매출 신장을 이뤘고 런던, 뉴욕, LA 등의 지역에 20개의 단독 매장을 운영한다.[20] 젠틀몬스터 대표는 매장이 상품이 아닌 소비자들에게 영감을 제공하는 공간으로 바뀌어야 한다는 점을 강조한다.

젠틀몬스터의 매장들은 마치 갤러리처럼 상상에서 가능할 법한 아이디어를 다양한 오브제를 이용해 표현한다. 25일에 한 번씩 색다른 콘셉트의 기획전을 선보인 홍대점의 퀀텀 프로젝트, 잠을 매개로 타임슬립time slip(다른 시간대를 오가는 등 시간의 흐름을 벗어남) 현상에 대한 판타지를 표현한 신사점, 13월이 생겨 풍요로워진 지구의 미래 농경사회를 농업 로봇과 미래농장의 다채로운 모습들로 표현한 두바이 매장 등 상상 속 아이디어를 매장에 구현해 고객과 소통하고 있다. 중국 상하이 매장은 달의 자전축이 기울어져 13번째 달이 생긴다는 전제 하에 이로 인한 환경의 변화와 새로운 희망을 찾아다니는 모습을 다양한 오브제로 연출했고, 중국 베이징 SKP백화점이 랜드마크가 되는 데도 젠틀몬스터가 큰 역할을 했다. 이렇게 상상의 스토리를 담은 콘셉트를 독특한 오브제 중심으로 상품이 아닌 브랜드 아이덴티티의 표현과 소통에 집중하는 것이 바로 매장의 미디어화다.

　카페, 갤러리, 뮤지엄 등을 오픈하는 것도 매장의 미디어화다. 모든 여성들의 로망인 티파니. 그 티파니가 2017년 11월 뉴욕 맨해튼 5번가에 플래그십 매장을 열어 영화 〈티파니에서 아침을〉의 순간을 현실세계에 재현했다. 티파니의 상징인 블루 컬러감을 넣은 가구와 식탁용 식기류, 벽을 장식한 예술작품과 미니 디스플레이 등의 인테리어에 럭셔리 홈 컬렉션과 베이비 부티크, 빈티지 북과 실버 제품들을 믹스해 티파니만의 럭셔리 감성을 표현했다. 2020년 2월에는 영국 해러즈harrods 백

매장을 랜드마크로 탄생시킨 젠틀몬스터 오프라인 매장.

화점에 두 번째 매장을 오픈했다. 이곳에서는 티파니 블루 에그Tiffany Blue Egg, 센트럴 파크 섬머 베리 타르트Central Park Summer Berry Tart, 더 블루 박스 셀러브레이션 케이크The Blue Box Celebration Cake 등 티파니의 아이덴티티를 살린 디저트 메뉴가 티파니 본차이나 식기에 담겨 나온다. 플랫화이트 한 잔도 티파니 블루 컵에 제공된다. 이곳에서는 티파니 브랜드가 서빙된다고 볼 수 있을 만큼, 공간과 디테일을 통해 브랜드의 상징적인 의미를 잘 구현했다.

약간은 의외로 보일 수 있지만 일본 도요타의 프리미엄 승용차 브랜드인 렉서스도 '인터섹트 바이 렉서스'라는 레스토랑을 운영한다. 도쿄와 두바이에 이어 2018년 11월 뉴욕에 3호점을 오픈했다. 인더스트리얼 스타일로 유명한 미트패킹 지구에 연 뉴욕점은 1층은 카페로, 2층은 칵테일 라운지와 다이닝 공간, 그리고 3층은 핸드메이드 의류제품을 전시하는 갤러리로 이용한다. 가장 눈길을 끄는 것은 공간 중심에 위치한 설치물이다. 가로 약 4미터, 세로 6미터 높이로 1~2층에 걸쳐 있는 하얀색 설치물은 11가지 렉서스 모델의 조작들을 시간 순으로 보여준다. 전 세계에서 유명한 셰프들을 초청해 메뉴도 4~6개월마다 교체해왔다.[21] 식당에 예약을 할 때 취직을 축하한다거나 하는 방문 이유를 알려주면 맞춤화된 메뉴를 제공하는 세심함도 보여준다. 어느 고객의 방문기를 보니 이 레스토랑에서의 경험을 '렉서스 라이프스타일'을 경험하기 위한 완벽한 장소라고 표현하기도 했다.[22] 기존 콘셉트에서 벗어난 공간을 통해 브랜드를 소통하고, 그 공간이 고객들의 재방문을 이끄는 선순

렉서스의 라이프스타일을 경험할 수 있는 레스토랑, 인터섹트 바이 렉서스.

환이 일어나는 것이다.

　구찌Gucci 역시 2018년 이탈리아 피렌체 지역에 뮤지엄과 레스토랑으로 구성된 구찌가든Gucci Garden을 오픈했다. 구찌가 2011년 피렌체에 구찌 뮤지엄을 오픈했는데, 이 콘셉트가 다시 '협력적 그리고 창의적인 공간'으로 재탄생된 것이다.[23] 비디오 설치, 영화, 예술작품과 종이 작품 등을 구찌가든 갤러리에 테마별로 전시하고 있으며, 1층에는 미슐랭 스리스타 셰프 마시모 보투라Massimo Bottura가 이끄는 이탈리언 레스토랑 구찌 오스테리아가 있다. 구찌 오스테리아는 미슐랭 원스타 레스토랑으로 선정될 만큼 맛으로도 인정받았다. 구찌 오스테리아는 구찌 CEO 마르코 비자리Marco Bizarri, 크레이티브 디렉터 알레산드로 미셸Alessandro Michele과 셰프 마시모 보투라가 합작해 오픈했다. 미국에서는 2020년 2월 LA 비버리힐스의 로데오 플래그십 매장 제일 윗층에 첫 레스토랑을 오픈했는데, 탁 트인 공간에 LA의 분위기를 반영하는 컬러들로 꾸며낸 것이 인상적이다.

피렌체에 오픈한 구찌가든.

재미와 영감을 주는 리테일테인먼트가 되는 비결

리테일의 중요한 역할 중 하나는 쇼핑을 통한 상품 구입의 목적 외에도 재미와 스릴, 영감을 제공하는 것이다. 그런데 재미와 스릴, 영감을 주기 위해선 온라인이나 가상현실보다 오프라인 공간이 훨씬 더 효과적이다. 생각해보라. 24K 순금을 입힌 아이스크림이나 티파니 카페에서 먹고 마실 수 있는 브런치와 커피, 혹은 젠틀몬스터의 오브제를 온라인 갤러리에서 보는 것과 오프라인에서 오감으로 체험하는 것과의 상대적인 차이를 말이다. 이런 경험은 브랜드와의 직접적인 경험을 통해 더 구체화될 수 있고, 그런 경험은 소비자들이 그 매장, 공간, 경험을 다시 찾게 만드는 원동력이 된다. 재미와 영감이야말로 언택트 시대에도 오프라인에서 훨씬 더 생생하게 전할 수 있는 가치다.

리테일테인먼트 전략에서 가장 첫 번째로 고민해야 할 것은 '어떻게 의외성을 제공할 것인가'다. 고객의 마음에 '?'와 '!'를 불러일으키는 것이 관건으로, 매장 규모에 크게 구애받지 않고도 실행할 수 있는 전략이다. 앞서 언급한 나이트클럽을 연상시키는 골프장이나 피자와 베이글을 제공하는 피트니스센터 이외에도 뉴욕의 '아파트먼트 바이 더 라인apartment by the line'이라는 곳도 있다. 이곳은 간판도 없는 어느 아파트 건물의 엘리베이터를 타고 올라가야 3층에 있는 매장에 들어갈 수 있는 패션+인테리어+주방용품 매장으로, 주의 깊게 봐야 찾을 수 있는 비밀의 성지 같은 느낌이다. 간판 없는 매장에 가기 위해 비밀스럽게 엘리베이터를 타는 것, 이런 식의 의외성은 재미와 영감을 줄 수 있다.

또한 2020년 5월 도산공원에 문을 연 폴트버거 Fault Burger는 '테니스 코트에서 즐기는 수제버거'라는 의외의 조합으로 소비자들에게 '재미있다'는 반응을 자아낸다. 언뜻 촌스러워 보일 수 있는 빨강과 파랑 악센트로 하얀 코트를 장식했고, 버거를 받아서 먹는 곳은 테니스 관중석으로 꾸민 실내 공간과 테니스 코트로 꾸민 야외 공간으로 나뉜다. 야외 공간의 의자는 플라스틱 바구니를 엎어놓아 만들었다. 이달의 메뉴를 '이 주의 시합/이 달의 시합 Match of the Week/Month' 식의 재치 있는 문구로 표현하는 등, 구석구석 디테일마다 테니스 게임 요소를 재미있게 풀어냈다. 이런 재미뿐 아니라 수제버거 전문점에 걸맞은 음식 퀄리티도 제공한다. 이탤리언 레스토랑 셰프가 재료부터 구성까지 관장했고, 유기농 번은 물론 버거 재료 모두 직접 손질한다.[24] 이렇게 일종의 역발상에 기인한 생각의 전환이 고객들을 매장으로 불러들인다.

둘째, 다른 테마들도 그렇지만 리테일테인먼트 전략에서는 상품과 서비스를 새로운 시각으로 바라보는 것이 매우 중요하다. 매장을 상품을 파는 상점이 아닌 미디어로 봐야 하기 때문이다. 미디어란 무엇인가? 미디엄 medium의 복수형인 미디어는 두 개의 존재를 연결한다는 의미다. 상품이 중심이 되면 상품만이 매개체가 되지만, 공간을 이용해 브랜드를 소통하는 데 중점을 두면, 그 공간에서 소통하는 요소들 하나

테니스 코트를 테마로 한 도산공원의 폴트버거.

하나가 브랜드와 소비자를 잇는 매개체가 된다. 다이슨의 갤러리 같은 공간과 마치 전시작품 같은 제품을 실제로 사용해보는 경험은 브랜드와 소통하는 신선한 방식이다. 사실 리테일테인먼트 영감 전략은 럭셔리 브랜드들이 구현하기에 제일 적합한 전략이다. 코로나19 이후 소비는 가격 아니면 가치 중심으로 더 양극화될 것이다. 경쟁이 심해질 리테일 환경에서 럭셔리 브랜드는 로고, 패키지, 디스플레이뿐 아니라 그 공간의 분위기까지 뭔가 특별한 느낌을 줘야 한다. 럭셔리 브랜드에겐 추상적인 '브랜드 이미지'와 상징성이 중요할 수밖에 없다. 상품도 상품이지만 럭셔리 브랜드 자체가 상징적인 의미를 갖추고, 브랜드의 상징성을 추상적으로 이미지화하고 그것을 매장이라는 공간에서 전달하는 것이다.

영감 전략의 성공은 콘셉트를 어떻게 콘텐츠화해 소통할 것인가의 문제와도 직결되어 있다. 젠틀몬스터의 플래그십 매장들은 미래적·공상과학적 테마를 정하고 나면, 그 테마를 전달하기 위해 새로운 오브제 찾기와 개발에 집중한다. 즉 여러 오브제가 모여 하나의 통일된 콘텐츠의 테마를 제공한다. 반면 티파니와 구찌는 레스토랑 공간에서 식기와 메뉴를 통해 브랜드 철학과 이미지를 음식 문화로 변화시켰다. 인터섹트 바이 렉서스 레스토랑은 자동차라는 카테고리에서 벗어나 레스토랑과 그 공간의 분위기로 '렉서스 라이프스타일'이라는 개념을 강조했다. 이렇게 럭셔리 브랜드는 자신의 브랜드 스토리와 철학을 분명한 아이덴티티로 표현하되 그것을 어떤 방식으로 표현할지에 대한 신중한 접근이 필요하다.

역으로 생각하면 영감을 주는 전략의 경우 애매한 포지션은 피해야 한다. 정말 과감하게 브랜드 이미지를 소통하기 위한 경험과 오브제 등을 이용한 '공간'에 집중해야 한다. 매출에 직접적인 영향을 줄 수 없다는 면에서 플래그십 매장에만 적용하는 것이 효과적이고, 그렇기 때문에 럭셔리 브랜드에게 더 적합한 전략이다. 성공적인 매장의 미디어화는 결과적으로 브랜드 재기에도 도움이 될 수 있다. 디자인의 리뉴얼, SNS 마케팅과 함께 구찌 레스토랑을 오픈하는 등 젊은 세대를 공략한 구찌의 전략은 한때의 침체기를 극복하고 다시 부활할 수 있는 계기가 되었다. 글로벌 마케팅 컨설팅 회사 인터브랜드Interbrand는 2019년 구찌의 가치를 159억 달러(약 19조 원)로 평가했고, 가장 빨리 성장하고 있는 럭셔리 브랜드로 선정했다. 이렇게 부활할 수 있었던 이유는 상품 디자인의 개선뿐 아니라 구찌 레스토랑 등 오프라인 공간을 오픈하고, 밀레니얼 사원으로 구성된 섀도 커미티Shadow Comittee를 운영하는 등 젊은 소비자들의 감성을 이해하기 위해 소통 방식을 개선한 덕분이기도 하다.

마지막으로, 고객의 재방문을 유도하기 위해서는 어떤 콘텐츠건 신선함을 전달할 만한 새로운 요소를 꾸준히 업데이트할 필요가 있다. 다이슨이나 젠틀몬스터처럼 짧은 주기로 새로운 기획전과 전시를 하는 것은 쉬운 일이 아니다. 인터섹트 바이 렉서스가 4~6개월마다 다른 셰프를 초청해 새로운 메뉴를 제공하는 것도 쉬운 일은 아니지만 그 정도만으로도 소비자들의 긍정적인 반응을 불러오기엔 충분하다. 앞서 언급한 한 고객의 평가처럼 '렉서스 라이프스타일'이라는 느낌을 줄 수 있고, 그 매장에 찾아가고 싶다는 열망을 심어줄 수 있다. 즉 업데이트 주기보다는 '꾸준한 업데이트'가 핵심이다. 소비자들이 굳이 스마트폰을 내려놓고 매장을 방문해야 하는 동기 부여가 될 수 있기 때문이다. 이 모든 것의 궁극적인 목적은 공간을 통해 브랜드를 경험하고 교류하는 것이다. 공간은 브랜드의 신념과 철학을 담아내고 신선함을 부여해 브랜드 라이프스타일을 경험하고 싶은 '욕망'을 불러일으킬 수 있는 매개체다.

CHECK POINT

❶

매장에 재미와 영감을 주기 위해 어떻게 '의외성'을 구현할 것인가를
먼저 고민해야 한다.

❷

거창한 투자가 아닌, 기존 콘셉트를 살짝 비트는 것만으로도
소비자들에게 신선함과 즐거움을 줄 수 있다.

❸

영감을 주는 전략은 매출보다 브랜드 이미지 소통에 집중하는 전략이기 때문에
플래그십 매장에 적합하다.

3장

Re-Green

Retail
Lab

Re-Physital

Re-Analog

Retailtainmen

Reinventing Space

RETAIL LAB

리테일 랩

실험실이 된 매장이 고객의 시간을 점령하다

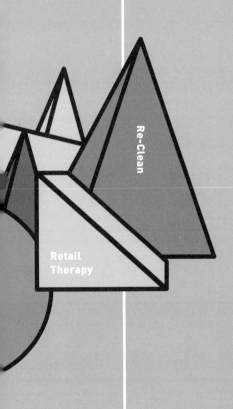

Re-Clean

Retail
Therapy

RETAIL LAB

　리테일 매장의 공간은 상품을 전시하는 곳이고, 소비자들이 상품, 직원, 다른 고객들과 만나는 '장'이다. 일반적으로 매장 공간의 가장 중요하고도 궁극적인 목적은 매출이다. 그런데 리테일 공간 자체를 실험실, 즉 리테일 랩Retail Lab으로 이용한다면 고객에게 어필할 만한 새로운 소비 경험을 만들어낼 수 있지 않을까? 예를 들어 다른 매장에서는 보기 힘든 혁신적인 상품들을 전시하고 소비자들의 행동을 더 깊숙이 이해할 수 있는 공간으로 만들거나, 리테일 매장의 일부를 제조사들에게 제공하고 공간에 대한 사용료를 받는 수익모델 말이다. 이는 상품 판매를 통한 매출이 공간의 목적이라는 시각에서 벗어나 고객에게 새로움을 제공하거나 다른 기업을 서브serve함으로써 공간의 변화와 함께 부수적인 매출을 올릴 수 있는 모델이다. 조금 어려운 용어로 설명하자면 RaaS(Retail-as-a-Service: 서비스형 리테일)라는 콘셉트에 속한다.

RaaS는 최근 들어 자주 등장하는 용어 'X-as-a-service'의 한 용례다. 가령 SaaS(Software-as-a-Service)는 기업의 인프라를 향상시키는 데 이용되는 소프트웨어 서비스, 즉 서비스형 소프트웨어를 말한다. 마찬가지로 RaaS는 리테일러가 다른 기업의 인프라 향상을 위해 솔루션 서비스를 제공하는 서비스형 리테일을 의미한다. 서비스형 리테일은 상품·서비스 '판매'를 목적으로 하기보다 다른 비즈니스를 위해 리테일 요소를 원자재로 제공하고 그 대가를 받는 비즈니스를 의미한다. 이런 측면에서 매장을 리테일 랩으로 이용하는 것은 서비스형 리테일의 구현으로 볼 수 있다.

리테일 랩을 구현하는 방식은 크게 세 가지로 구분할 수 있다. 이 세 가지 유형의 공통된 궁극적 목적은 소비자들이 그 공간에서 제공되는 상품과 서비스 방식을 새롭게 느껴 매장에 방문하고 싶은 욕구를 갖도록 하는 것이다.

리테일 랩 유형 1: 매장을 소비자 분석을 위한 실험실처럼

비즈니스 전문잡지 《포춘》에 따르면 2019년 9월 컨설팅 기업 맥킨지앤드컴퍼니 McKinsey & Company가 오프라인 매장을 오픈했다.[1] 미국 미네

컨설팅 1위 기업 맥킨지가 론칭한 모던 리테일 컬렉티브.

소타에 있는 몰오브아메리카Mall of America에 오픈한 모던 리테일 컬렉티브Modern Retail Collective가 그것이다. 컨설팅 회사가 오프라인 매장을 냈다니, 언뜻 들으면 굉장히 의아할 만한 일이다. 왜 그런 시도를 했을까?

우선 매장을 보면, 약 280제곱미터 넓이에 주얼리 브랜드 켄드라스콧Kendra Scott, 속옷 브랜드 서드러브Third Love, 화장품 브랜드 엘레베코스메틱Elevè Cosmetics, 천연 데오도란트 브랜드 타입A 등 다양한 브랜드들이 전시되어 있다. 이 브랜드들은 디지털 기반의 스타트업과 소형 브랜드들이다. 특이한 점은 다양한 테크를 쇼핑에 접목시켰다는 것이다. 켄드라스콧 주얼리의 경우 원석에 RFID(무선인식 시스템)칩이 내장되어 소비자들이 직접 다양한 원석과 프레임 중 원하는 디자인의 조합으로 맞춤형 팔찌를 선택할 수 있고, 완성된 팔찌 모습은 AR로 구현된다. 또는 스마트폰으로 매대에 설치된 NFC(근거리 무선통신) 패드를 터치하면 천연화장품 엘레베의 성분 등 상품 정보가 내 스마트폰에 뜬다. 자세한 상품 정보를 실시간으로 살펴보며 바로 구입할 수도 있다. 이 매장에 적용된 기술들은 리테일넥스트RetailNext, 마이크로소프트Microsoft, 지브라 테크놀로지Zebra Technologies를 포함, 16개의 테크 회사들과 파트너십에 기반해 운영되며, 입점 브랜드와 인테리어도 3~4개월에 한 번씩 변화를 줄 예정이다.[2]

맥킨지가 모던 리테일 컬렉티브 매장을 연 이유는 각종 기술과 브랜드 상품을 테스트하는 실험실로 이용하기 위함이다. 매장 내에서 소비자들이 어떤 기술을 이용해 정보를 탐색하고 어떤 정보들을 제공했을 때 상품 구입으로 연결되는지 등의 소비자 행동을 이해하기 위해서다. 이 목적을 위해 매장에 방문한 소비자들에게 챗봇으로 구입 동기를 묻거나, 혹은 상품 정보를 검색하는 단계에 그친 소비자들에게는 왜 구입을 하지 않고 매장을 떠났는지 이유를 물어보기도 한다. 이렇게 소비자 행동의 면밀한 관찰과 밀접한 소통을 통해 소비 행동을 정교하게 이해하고 이를 바탕으로 쇼핑 경험을 개선할 전략을 수립한다. 이런 식으로 공간을 아주 정밀한 소비자 인사이트를 얻기 위한 실험적 공간으로 이용할 수 있다. 또한 주기적으로 상품 카테고리와 브랜드들을 교체하며 다양한 측면에서 소비자들을 관찰할 수 있다는 장점이 있다. 다만 소비자의 프라이버시를 보호해야 하고, 상품 구입 이유를 묻는 과정에서 생길 수 있는 거부감에 대해서도 세심히 고려해야 한다.

리테일 랩 유형 2: 공간 대여를 통한 서비스형 리테일의 구현

서비스형 리테일 콘셉트의 초석을 다진 것은 2015년 실리콘밸리에서 시작된 스타트업 베타b8ta라고 볼 수 있다. 미국에 22개 매장을 운영하는 베타는 혁신적이고 신기한 상품을 보여준다. 예를 들어 뉴욕 맨해튼의 허드슨몰에 위치한 베타는 엑스터 스마트지갑Ekster Smart Wallet, 클릭앤그로우Click and Grow라는 메커니즘으로 식물을 재배하는 스마트가든Smart Garden, 귀에 끼기만 하면 36개 언어가 번역되는 WT2 트랜슬

레이터 이어버즈WT2 Translator Earbuds, 디지털로 관리하는 디지털 카드, IBM 왓슨 인공지능 기술을 탑재한 스마트 토이 코디Codi, 슬립 로봇 솜녹스Somnox 등을 전시해 방문하는 고객들의 시선을 사로잡는다. 실제 방문해보니 상품들이 신기하면서도 구입해볼 의향도 충분히 생기도록 접점을 잘 찾았다는 느낌이 들었다. 너무 먼 미래에나 쓰일 것 같은 상품들은 신기하지만 구입할 생각은 별로 들지 않을 것이고 너무 흔한 상품들은 온라인으로 검색해서 최저가로 구입할 것이다. 그 중간에 속해야 가능한 상품 탐험과 구매, 두 마리 토끼를 잡은 것이 베타다. 쇼핑몰 안 매장에서 유일하게 베타만 붐볐던 이유인 것 같다.

베타의 전략을 더 구체적으로 살펴보자. 매장들은 이동인구가 많은 곳에 위치해 있어 한 달 평균 최고 2만 5000명 이상의 고객들이 베타 매장에 유입된다.[3] 베타는 입점 제조사들로부터 매달 동일한 비용을 받는다. 제조사들의 제품을 소비자에게 노출하는 한편, 제품들을 만지고 실험해보고 구입하는 고객들에 대한 실시간 데이터를 제조사에 제공한다. 또한 상품 옆에는 대개 태블릿으로 상품 설명 동영상 등을 비치하여 제조업체 직원을 대신하는데 이를 통해서도 고객의 피드백을 수집하고 제조사에 제공한다.[4] 그 데이터를 기반으로 제조사는 타깃 고객들에게 보다 더 적합한 메시지, 프로모션 등을 디자인할 수 있다

베타와 같은 맥락의 서비스형 리테일 전략은 미국 대형 전자제품 리테일러 베스트바이Best Buy가 쇼루밍Showrooming으로 인한 위기를 극복하는 데도 큰 도움이 되었다. 쇼루밍이란 소비자들이 인터넷에서 본 상

혁신적이면서도 실용적인 상품을 전시해 소비자들의 호기심을 자극하는 베타 매장(위). 고객들의 피드백을 반영한 데이터를 입점 제조사에 제공하기도 한다(아래).

품들을 실제로 확인해보는 전시장(쇼룸)으로 오프라인 매장을 이용하고, 실제 구입은 온라인에서 최저가를 찾아 구매하는 행동을 말한다. 쇼루밍으로 인해 오프라인 매장을 근간으로 한 베스트바이를 포함한 오프라인 리테일러의 매출이 큰 타격을 입었다. 고심하던 베스트바이 경영진은 애플과 삼성 등 주요 제조사들에게 매장 내 공간을 대여해 제품 전시 공간으로 이용하게 하고, 대신 제조사들로부터 공간 사용에 대한 수수료를 받는 모델을 도입했다. 베스트바이 입장에서는 브랜드 파워가 있는 제품들의 전시 공간으로 소비자들을 유입할 수 있을 뿐 아니라 상품도 판매하고 공간 사용료를 받을 수 있어 이익이다. 소비자들은 다른 전자제품 리테일러보다 다양한 제품들을 직접 접할 수 있는 이점을 누릴 수 있었다. 이 전략은 성공적이었다. 이후 베스트바이는 이 전략을 스마트홈 기기 등 다양한 영역으로 확대했다.

또한 경쟁사 아마존을 포함한 온라인 리테일러들이 자사보다 낮은 가격에 제품을 판매할 경우 그 가격에 맞춰준다는 '프라이스 매치price match'를 도입해 가격 경쟁력도 높였다. 또 베스트바이의 기술 서비스 프로그램인 긱스쿼드Geek Squad를 인홈어드바이저In-Home Advisor 프로그램으로 확대했다. 긱스쿼드는 베스트바이의 서비스팀으로, 매장에서나 전화 혹은 인터넷으로 24시간 언제든지 베스트바이에서 구입한 전자제품에 대한 도움을 제공하는 서비스다. 반면 인홈어드바이저 프로그램은 홈시어터 설치부터 부엌 가전제품의 업데이트 등에 관한 고객 맞춤형 제안과 서비스를 무료로 제공하는 프로그램이다. 결국 고객의 상

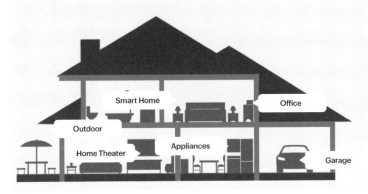

전문가가 직접 집에 방문해 무료로 맞춤형 컨설팅을 해주는 베스트바이의 인홈어드바이저 서비스
안내 화면.

품 검색 단계에서부터 무료로 맞춤형 컨설팅을 해줌으로써 소비자들이
최적의 소비결정을 할 수 있도록 도와주는 것이다. 결국 베스트바이가
온라인 성장 시대에 위기를 극복할 수 있었던 것은 매장 공간의 서비스
화를 통해 상품의 매력도와 수익 구조를 개선하는 한편 소비자 관계 프
로그램을 확대해 소비자들의 상품 구입률 상승을 유도한 덕분이다. 베
스트바이가 '아마존 시대에 살아남는 법'의 사례로 많은 기사에서 언급
되는 이유다. 이렇게 공간에 대한 시각을 새롭게 한 모델은 소비자들을
다시 매장으로 불러들이는 가능성을 제시해준다.

한편 국내 서비스형 리테일의 사례로는 서울 을지로에 위치한 고잉메리Going Mary가 있다. '요괴라면'으로 주목을 끈 고잉메리는 '분식집+편의점' 개념의 리테일 랩이다. 미디어 스타트업 옥토끼프로젝트가 운영하는 이 매장은 크게 식음료, 리테일, 미디어의 세 가지 영역으로 운영된다. 이 매장에는 오뚜기, 이마트의 노브랜드, 스타부르 캔고등어, 아영와인의 와인나라 등이 '입점'되어 있고, 고잉메리는 입점 브랜드들을 위한 미디어 홍보의 역할도 수행한다. 그렇기 때문에 일반 리테일 채널처럼 매출의 일정 부분을 옥토끼프로젝트에 지불하는 대신 몇 백만 원에서 몇 천만 원을 '서비스' 비용으로 지불하는 방식으로 운영된다.

이곳의 특징 중 하나는 매장에서 판매하는 오뚜기나 노브랜드 제품을 새 레시피로 재해석한 메뉴들을 만나볼 수 있다는 점이다. 오뚜기 XO노포만두탕, 다양한 스타일의 요괴라면, 노량진부라더상회의 가성비원탑회, 명랑스컬의 하이라이스, 노브랜드 당다라당당 파르페 등 다

감성편의점 고잉메리 매장. 여러 F&B 브랜드가 입점되어 실험적인 서비스와 메뉴를 제공한다.

른 데선 접하기 힘든 독특한 분식 메뉴와 함께 트렌디한 상품을 판매하고 있다. 가격이 주위 상권보다 낮게 책정되어 있는데, 이는 미디어 영역의 수익 덕분에 F&B food and beverage와 리테일 상품 가격을 낮게 유지할 수 있기 때문이라고 한다. [5] 방문하는 고객들은 고잉메리의 가성비뿐 아니라 고잉메리 콘셉트와 맥락이 연결되는 새로운 메뉴와 아이디어 실험을 좀 더 자유롭게 받아들인다. 이렇게 고잉메리는 리테일 매장이지만 다른 브랜드를 위한 서비스형 리테일 랩 형태의 F&B와 편의점이라는 차별화에 성공하였고, 2020년 12월에 리뉴얼 예정인 롯데백화점 영등포점에 입점될 예정이기도 하다.

리테일 랩 유형 3: 온라인 DTC 브랜드 전시장으로

2020년 1월, 리테일 업계의 세계가전전시회 CES 격인 2020 NRF(미국 리테일연합회) 리테일 빅쇼 Retail Big Show를 방문해 다양한 리테일러들과 리테일 테크 관련 최신 트렌드를 살펴보았다. 500여 개가 넘는 부스와 세션에서 특히 눈길을 끌었던 리테일러는 네이버후드 굿즈 Neighborhood Goods라는 백화점이었다. CEO인 매트 알렉산더 Matt Alexander는 네이버후드 굿즈를 '커뮤니티 중심 백화점'이라고 소개했다. 백화점이라고 클 것 같은가? 꼭 그렇지는 않다. 크지 않은 공간이지만 기존 백화점과 달리 다양한 온라인 기반 브랜드와 DTC 브랜드들을 엄선해 제공하는 것

온라인 기반의 DTC 브랜드를 위주로 입점시킨 네이버후드 굿즈 백화점.

이 특징이다. 앞서 말했듯 DTC란 제조사들이 중간 유통단계를 거치지 않고 직접 소비자들에게 상품을 판매하는 '직접 판매 모델'을 말한다. 안경 브랜드 와비파커나 남성 면도기 브랜드 달러쉐이브Dollar Shave Club, 여행가방 제조업체 어웨이 같은 브랜드들이 DTC로 성공한 대표적인 리테일러들이다. 예를 들어 소비자가 인스타그램에서 어웨이 포스팅을 보고 클릭하면 어웨이 홈페이지로 연결되고 구입까지 마칠 수 있는 방식이다. 상품은 어웨이가 직접 배송한다. [6]

챌시마켓에 위치한 네이버후드 굿즈 매장을 직접 방문해보니 규모는 그리 크지 않았지만 브랜드 경험들이 새로웠다. 우선 DTC 브랜드 중심의 큐레이션이 최신 트렌드를 잘 반영하고 있었다. 페트병을 재활용해 만든 신발로 유명해진 로시스Rothy's, 더 큐레이티드The Curated 등

DTC와의 다양한 협업을 진행하는 노드스트롬 백화점의 K뷰티 팝업스토어.

의 패션 브랜드들, 아트북 출판사인 타셴Taschen, 헤드폰 브랜드 마스터 앤다이내믹Master & Dynamic, 홈트레이닝 브랜드 토널, 그리고 북미에서 는 사용이 승인된 헴프Hemp 추출물로 만든 CBD 화장품 브랜드 피티시 Fitish 등이 눈에 띄었다. 네이버후드 굿즈에서 만날 수 있는 브랜드들이 DTC이다 보니 소비자들이 낯설어할 수도 있다. 이에 브랜드별로 스토 리를 담은 브로셔도 구비해놓아 소비자들이 브랜드 스토리까지 알 수 있도록 구성했다. 뉴욕 맨해튼 첼시점은 두 번째 매장이고, 2020년 상 반기에 텍사스에 3호점을 냈다. 3호점에서는 DTC 키즈 브랜드 로켓 오 브 어썸Rokets of Awesome과 펫 브랜드 와일드원Wild One 등을 큐레이션해 상품군을 확대했다.[7]

미국의 신세계백화점 격인 노드스트롬Nordstrom 백화점도 DTC와의 콜라보로 고객의 매장 유입을 늘려왔다. 인스타그램을 통해 Z세대 소비자들에게 인기를 끈 화장품 브랜드 글로시에, 친환경 패션 브랜드 에버레인Everlane, 샌프란시스코 기반 패션 브랜드 리포메이션Reformation과 여행가방 브랜드 어웨이 등과 함께 노드스트롬 내에 팝업 스토어를 운영했다.[8] 최근에는 유명 셀러브러티 킴 카다시안Kim Kardashian의 속옷 브랜드 스킴스Skims를 25개 노드스트롬에 팝업 스토어로 론칭하기도 했다.[9] 온라인으로 몰려가는 소비자들에게 인기 DTC 브랜드들을 콘텐츠화해 매장의 신선함을 더하고 매장에 방문해야 할 이유를 제공하는 것이다.

이렇게 오프라인 리테일러가 실험적 테스트를 위해 DTC에 주목하고, 또 앞으로도 주목해야 하는 이유는 무엇일까? 우선 DTC 자체 시장 규모가 증가하는 추세이며 DTC가 오프라인 인사이트를 점점 더 원하

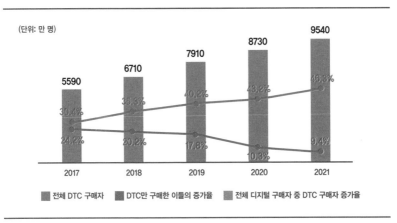

■ DTC 성장 그래프 ■

(단위: 만 명)

9540
8730
7910
6710
5590

46.3%
43.2%
40.2%
35.3%
30.4%

24.2%
20.2%
17.8%
10.3%
9.4%

2017 2018 2019 2020 2021

■ 전체 DTC 구매자 ■ DTC만 구매한 이들의 증가율 ■ 전체 디지털 구매자 중 DTC 구매자 증가율

출처 _ 이마케터(2020년 3월)

고 있기 때문이다. 미국 DTC 시장 규모는 2020년 170억 달러(약 21조 원)에 이를 것이며 123쪽의 표를 보면 알 수 있듯이 2020년에는 8730만 명이 DTC 브랜드를 구매할 것으로 예측된다.[10] 2020년 DTC 구매의향 지수 조사에 따르면 미국 소비자의 34%가 매장에서 상품을 구입하는 방식에서 제조사들로부터 직접 구매하는, 즉 DTC로 이동해간다. 특히 향후 5년간 웰니스, 어패럴, 대형 유통과 테크 부문에서 DTC로부터의 구매가 약 50% 증가할 것으로 예측된다.[11] 반면 DTC들은 고객을 직접 대면해 인사이트를 얻기 위해 팝업 스토어를 오픈하거나 기존 리테일러와의 파트너십을 늘리는 추세다.

◆ 리:스토어 컨설팅 ◆
리테일 랩 모델이 성공하려면

지금까지 리테일 랩 유형 3가지를 살펴보았다. 여기서 독자 여러분의 머릿속에 떠오르는 매장이 있을 수도 있겠다. 예를 들면 이마트의 일렉트로마트가 떠오를 수 있다. 정용진 신세계그룹 부회장의 야심작이자 베스트바이와 베타 중간 정도의 모델로 볼 수 있는 일렉트로마트는 가전제품과 함께 드론과 피규어 및 일러스트 캐릭터 등으로 남성 고객에게 어필하려고 한 콘셉트였다. 더 나아가 일렉트로마트 영화까지 추진한 것으로 알려져 있다. 그런데 2019년 판교점 폐점을 시작으로 일렉트로마트는 구조조정을 진행하고 있다. 야심작임에도 불구하고 핵심 타깃이었던 젊은 남성들을 끌어들이기에 미흡했던 것으로 보인다.

그 이유를 몇 가지로 분석해볼 수 있다. 우선 일렉트로마트는 입지상 대개 이마트와 붙어 있다. 그러다 보니 장을 보러 온 가족이나 커플이 주로 방문하면서 타깃 고객과 실제 고객 사이에 간극이 생기게 되었다. 또한 체험형 상품이 중심이 되어야 하는데, 일반 전자제품과 체험형 상품 모두 만족하려다 보니 다소 애매한 콘셉트가 되었다. 앞서 언급한 베타처럼 제품 중심으로 고객들의 호기심을 자극하기엔 무리였던 것이다. 만약 매장 판매원을 이마트 가전제품 매장과는 차별화되는 전문 인력으로 배치했다면 어땠을까? 아마도 체험형 상품에 대한 자세한 설명을 통해 판매 증대에도 도움이 되었을 것이다.

고객의 시간을 점령하는 리테일 랩을 구현하기 위해선 다음과 같은 부분에 신경 써야 한다.

첫째, 리테일 랩의 목적을 분명히 해야 한다. 예를 들어 1) 새로운 기술을 접하는 소비자들에 대한 이해도를 높이려고 하거나, 2) 다른 데서 접하기 힘든 혁신적인 상품들로 소비자들을 유입할 목적이거나, 3) 온라인에서만 인기 있는 유명 제품, 즉 DTC 위주의 제품을 만날 기회를 제공하겠다는 등의 확실한 목적을 기반으로 기획해야 매력적으로 느껴질 수 있다. 이렇게 접근할 때 좋은 품질의 상품과 서비스뿐 아니라 그 이상의 플러스알파(+α)를 원하는 까다로운 소비자들을 매장으로 이끌 수 있다. 베타처럼 상품으로 승부하는 콘셉트는 고객이 '상품이 신기한 걸?'이라는 느낌을 받을 정도로 특이한 콘셉트의 상품과 브랜드들로 확실하게 차별화할 수 있다. 베타나 맥킨지의 모던 컬렉티브처럼 최첨단 쇼핑 경험으로 어필하는 등 특이점이 분명할 필요가 있다.

앞서 언급했던 DTC 시장의 성장은 미국뿐 아니라 한국도 유사한 상황이다. 그런데 아직까지 한국에선 온라인에서 인기 있었던 DTC들과 오프라인 리테일러의 파트너십이 부족해 보인다. 이런 면에서 오프라인 리테일러들이 자사 매장에서 인기 있는 DTC를 선보인다면 고객을 매장에 유입시켜 매출로 연결할 수 있고, DTC는 오프라인 공간에서 소비자와의 소통을 통해 브랜드 인지도를 높일 수 있다. 서로 윈윈할 수 있는 전략인 셈이다.

둘째, 리테일 랩 전략에서는 기존 매장들보다 공간을 유연하게 운영해야 한다. 모던 컬렉티브나 네이버후드 굿즈의 중요한 특징 중 하나는 주기적으로 브랜드들을 바꾸는 것을 기본 전제로 하되, 소비자 반응에 따라 입점 기간을 조절하는 유연함이다. 이들은 입점 브랜드마다 입점 기간을 3개월에서 1년 정도로 가볍게 운용한다. 그럼으로써 자사의 위험부담을 줄이는 한편 입점 브랜드와 리테일러도 소비자 반응에 더 유연하게 대응할 수 있다. 이러한 관점은 공간의 모듈화modular(각 공간을 나눠서 실험할 브랜드를 넣고 빼는 접근)와도 연결된다. 공간을 유연하게 운영하면 고객 반응의 호불호에 따라 브랜드 운영의 위험부담도 낮출 수 있다. 고객 반응은 입지 선택과 운영방식과도 연결되는데, 일렉트로마트의 아쉬운 점을 반면교사로 삼아도 좋고, 고잉메리를 벤치마킹해보는 것도 좋을 것이다. 고잉메리가 최근 힙한 지역으로 뜨고 있는 을지로, 일명 '힙지로' 중심으로 매장을 늘려가는 이유는 직장인들의 점심시간을 겨냥해 가성비 좋은 메뉴들, 또한 힙지로의 특성을 반영한 새롭고 참신한 아이디어 등으로 고객들의 발길을 유도하기 위해서다.

셋째, 매장 경험과 입점 브랜드를 신중히 선택해야 한다. 이에 대해서는 네이버후드 굿즈에 몇 가지 벤치마킹할 점이 있다. 네이버후드 굿즈는 소규모 백화점이지만 여러 브랜드들이 잘 어우러져 언뜻 보면 마치 하나의 브랜드 매장처럼 보인다. 또 직원들은 각각의 브랜드 특성과 장점들을 막힘없이 설명하고, 구매를 강요하는 대신 소비자들이 브랜드에 대해 알 수 있도록 도움을 준다. 기존 백화점들이 다양한 브랜드

2020 NRF 빅쇼에서 발언 중인 네이버후드 굿즈 CEO 매트 알렉산더.

들을 각각의 파티션으로 구분하여 상품 판매에 집중하는 것과 달리 네이버후드 굿즈는 이런 식으로 브랜드 경험을 선사하는 것이다. 네이버후드 굿즈 CEO는 2020 NRF 빅쇼에서 입점 브랜드 선정에 있어 브랜드 철학, 인간·소비자에 대한 시각 등을 비중 있게 본다고 언급했다. 또한 매장 공간도 고객 중심으로 계산하고 계획하고 실행해야 함을 강조했다. 고객에 대한 충분한 고찰 없이 선택된 첨단 기술, 예를 들면 스마트 피팅룸을 매장에 도입하는 것만으로는 고객 경험이나 매출 증가에 도움이 되지 않는다는 점을 강조한 것이다. 실험적인 콘셉트를 다양한 관점에서 테스트하고 소비자 중심의 에코시스템을 만들어가는 시각에 주목할 가치가 있다.

마지막으로 리테일 랩을 통해 도달하고자 하는 목표를 설정해야 한다. 베타는 최신 상품을 전시해주는 서비스형 리테일로 시작했지만 매장 내에서 수집한 데이터를 강점으로 개발해 2018년부터는 제조사를 대상으로 매장 오픈 솔루션 서비스를 론칭, 제조사들의 매장 오픈을 전문적으로 돕고 있다. 통신업체 넷기어Netgear를 시작으로 매장 입지 선정, 매장 건축과 디자인 등을 전담하는 토탈 솔루션을 제공해준다.[12] 베타의 가치를 알아본 미국 백화점 메이시스는 베타를 백화점 안의 팝업 스토어로 운영하고, 홈임프루브먼트 리테일러 로우즈Low's는 70여 개 매장 안에 베타를 스마트홈 상품 쇼케이스로 운영하고 있다.

이렇게 매장에 대한 새로운 역할을 제시한 베타는 제조사뿐 아니라 다른 리테일러들과도 시너지를 일으키고 있다. 맥킨지 모던 컬렉티브도 결국 오프라인 매장에서의 소비자 행동에 대한 이해와 관련 데이터 축적을 통해 보다 더 효과적인 비즈니스를 운영하기 위한 솔루션을 개발하고자 한다. 즉 리테일 랩으로서 끝나는 게 아니라 그 이상의 목적을 염두에 두고 고객 경험을 디자인해야 한다.

세심하게 디자인된 리테일 랩의 장점은 확실하다. 공간 자체를 실험실로 이용하거나 특이하고 혁신적인 상품의 제조사들을 시장에 선보이는 공간으로 만들거나 오프라인 상에서 만나보기 힘든 브랜드들의 큐레이션의 장으로 만드는 이 전략들은 고객이 다양한 브랜드와 상품 구경에 '시간을 쓰도록' 만든다. 베타나 네이버후드 굿즈처럼 주기적으로 브랜드를 새롭게 함으로써 고객이 매장에 자주 방문할 동기를 제공할 수 있고, 맥킨지의 모던 컬렉티브처럼 다양한 방법으로 고객 데이터를 축적하여 비즈니스를 확장할 가능성도 모색해볼 수 있다. 결국 상품과 브랜드의 신선함으로 고객의 시간을 점령하는 것, 그것이 리테일 랩의 핵심이다.

CHECK POINT

❶

리테일 랩은 목적에 따라 유형을 확실히 정해야 한다.

❷

서비스형 리테일이 성공하려면 입점 매장을 선정할 때
브랜드의 성격과 다른 브랜드와의 조화를 고려해야 한다.

❸

매장의 공간은 모듈화하고, 브랜드 입점 기간을 짧게 운영해
상호 리스크를 줄이고 공간 이용의 유연성을 높인다.

❹

데이터에 포커스를 두는 리테일 랩은 솔루션 서비스로
비즈니스 확장이 가능하다.

4장

Re-Green

Retail
Lab

Re-Physital

Re-Analog

Reinventing Space

Retailtainment

REINVENTING SPACE

공간 재창조

인더스트리얼 스타일로 트렌드를 리드하다

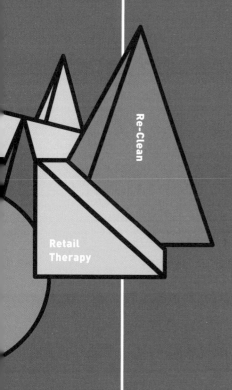

Re-Clean

Retail
Therapy

REINVENTING SPACE

이미 수년 전부터 공간 브랜딩에 대한 관심이 높아지면서 대표적인 해외 사례로 일본의 츠타야Tsutaya 서점이 많이 회자됐다. '취향을 설계한다'는 비즈니스 아이덴티티를 바탕으로 혁신의 아이콘이 된 마스다 무네아키Masuda Muneaki가 오프라인 매장의 새로운 미래를 제시했기 때문이다. 독립 서점으로 시작했지만, 책, 음악, 영화 3가지 카테고리를 중심으로 소비자가 라이프스타일을 발견할 수 있는 공간으로 재탄생한 후 츠타야는 연 매출 2조 원을 상회할 만큼 일본을 대표하는 서점 체인으로 성장했다.

그런데 한번 생각해보자. 츠타야 서점처럼 라이프스타일을 발견하는 공간 기획이 매력적인 것은 사실이지만, 모든 브랜드가 츠타야와 같은 콘셉트를 내밀어 성공할 수 있을까? 나는 '아니다'라고 생각한다. 각자 브랜드 아이덴티티를 가지고 있기에, 그런 콘셉트의 방식이 다양한 브랜드들에 다 적용될 수는 없기 때문이다.

이번 장에서 다룰 공간의 재창조는 콘셉트와 브랜드 아이덴티티의 적합도가 높아야 가능하다. 어떤 스타일이 뜬다고 해서 매장에 무턱대고 적용한다면 실패할 가능성도 높을뿐더러, 괜한 비용만 낭비할 수도 있다. 따라서 공간 기획을 할 때에는 적용하려는 콘셉트와 본인의 브랜드의 적합도를 신중하게 분석한 후 기획을 진행해야 한다.

공간 콘셉트를 디자인하는 다양한 사례들을 아는 것도 중요하다. 새로운 콘셉트와 기획의 실마리를 얻을 수 있기 때문이다. 그런 면에서 다음의 몇 가지 사례를 살펴보자. 다음에 소개할 스타일들은 소비 세대의 변화, 언택트로의 이동 등, 사회와 경제 상황 속에서 대세로 떠올랐거나 또는 대세로 떠오를 가능성이 높아 주목할 만한 예들이다.

'앙버터'와 인더스트리얼의 트렌디한 조화

서울의 일명 '힙지' 중 하나인 성수동 하면 무엇이 떠오르는가? 아마 인더스트리얼 디자인과 '앙버터(버터 한 조각을 앙꼬와 함께 올려낸 빵)'일 것이다. 성수동 카페에 가보면 앉기에 불편해 보이는 의자, 높낮이가 다른 테이블이 불규칙하게 배치되어 있고, 콘크리트 벽이 반쯤 노출된 공

인더스트리얼 스타일의 카페.

간에서 젊은이들이 난간 또는 계단에 앉아서 커피와 함께 앙버터를 먹는 모습을 볼 수 있다. 물론 열심히 셀카(셀프 카메라)를 찍는 모습도 자주 눈에 띈다. 어쩌면 그 조합은 가장 트렌디한 곳에서 트렌디한 상품을 소비하는 모습인 듯하다.

성수동 스타일로 잘 알려진 인더스트리얼 디자인/스타일이라는 용어는 산업이라는 의미의 인더스트리industry라는 단어에서 짐작 가능하듯, 19~20세기 초반 미국과 유럽의 근대 산업과 공업을 기반으로 시작되었다. 미국 대공황 당시 버려지거나 방치된 건물들을 주거 공간으로 바꾸고 예술가들이 작업실로 이용하면서 철근이나 벽돌 같은 자재의 느낌을 그대로 노출하는 것이 하나의 스타일로 자리 잡았다. 창고, 공장, 구조물 등에서 영감을 받은 스타일이다 보니 거친 느낌이 살아있는 벽돌과 금속, 철근, 그리고 나무가 주 재료다. 인더스트리얼 스타일은 다음과 같은 특징이 있다.

- 디자인의 단순함+미니멀리즘
- 자연의 톤과 자연감이 느껴지는 재질을 사용
- 조명, 장식, 가구가 전체 분위기를 좌우
- 기존 재료 그대로를 재활용하거나 있는 그대로 쓴다는 점에서 친환경적

미국 근대의 인더스트리얼 스타일이 본격적으로 시작된 곳은 뉴욕 맨해튼의 미트패킹 지구라고 볼 수 있다. 이곳은 대규모 정육시설과 공장이 있던 지역이라 미트패킹 디스트릭트Meatpacking District(정육포장 지구)라고 불렸다. 하지만 냉장시설이 개발되면서 정육 산업이 축소된 탓에 위험 지역으로 전락했다가 1990년대 들어 돈 없는 예술가와 디자이너들이 대거 유입되면서 인더스트리얼 스타일로 변신했고, 패셔너블한 트렌드 세터의 중심지로 떠올랐다.[1] 소비자들이 점점 더 인더스트리얼 스타일을 선호하게 되면서 이 지역의 기성 브랜드와 명품 브랜드들도 인더스트리얼 감성을 녹여낸 플래그십 매장을 속속 론칭하기 시작했다.

'인더스트리얼 스타일[2]=힙하다'라는 이미지도 강해졌다. 힙하다의

'힙'은 '최신 스타일에 관여, 앎, 최신 유행'이라는 뜻이다. 단어 자체는 힙스터에서 기인했다. 1920년대 미국에서 주류 판매가 금지되었던 시기, 구하기 힘든 술을 자체 제조해 술통을 허리 근처 힙 부분에 자랑하듯이 달고 다녔다고 해서 생겨난 단어다.[3] 이후 1940년대에는 재즈를 즐기는 젊은 백인을 칭하는 말로 쓰이면서 반항적인 의미도 포함되었다.

우리나라에서는 '힙하다'라는 용어 사용의 유래를 약간씩 다르게 보기도 한다. "희망이 별로 없어 보이는 사회 분위기 속에서 기성세대에 대한 반발 심리 + 자신만의 독특함을 드러내고 싶은 젊은이들이 많아지면서 '힙'이라는 단어가 재등장했다"[4]라고 보는 시각도 있다.

인더스트리얼 스타일은 있는 그대로를 드러낸다는 점에서 투명성과 진정성을 담고 있다. 자재의 질감이 고스란히 보이게 한다거나 상품의 제작 공정을 그대로 노출하는 것은 브랜드와 공간을 그 자체로 느낄 수 있게 해주는 효과가 있다. 바로 얼마 전까지 유행했던 모던한 북유럽 스타일과 다른 감성을 어필하며 힙함을 보여준다. 또한 반발 심리를 가지고 늘 새로운 스타일을 추구하는 Z세대를 포함한 젊은 소비자들이 '나만의 아이덴티티'를 드러내고 싶어 하는 특성과 맞물려 우리나라에서도 인기를 끌게 되었다. 특히 젊은 세대는 자신이 속한 그룹과 같은 소비 행동을 통해 소위 '인싸'라고 불리는 인-그룹in-group임을 증명하고자 한다. 힙한 카페에서 앙버터를 먹으며 '셀피(자기 사진)'를 찍는 경험을 온라인 웹사이트에서 얻을 수 있을까? 그렇지 않다. 오프라인 매장이 인더스트리얼의 분명한 정체성을 가지고 있을 때 디지털을 선호하는 소비자들을 그 매장으로 이끌 수 있다.

F&B에서의 인더스트리얼 브랜딩

샌프란시스코에 방문했을 때의 일이다. 식사 후 커피와 디저트를 먹을 장소를 찾던 중 옐프Yelp(미국의 대표적인 소비자 리뷰 사이트) 평가가 좋았던 단델리온 초콜릿Dandelion Chocolate을 발견했다. 매장에 들어가 보니 매장의 3분의 2가 마치 초콜릿 공장인 양 여기저기 초콜릿을 만드는 공정들이 그대로 드러나 있고 테이블은 몇 개밖에 없었지만, 낡고 거친 공간을 특유의 힙한 느낌으로 변신시킨 '인더스트리얼' 스타일의 힘을 느낄 수 있었다.

2019년 4월 단델리온은 샌프란시스코에 면적 2800제곱미터에 이르는 대형 매장을 오픈했다. 107년의 역사를 가진 매트리스 제조공장과 인쇄공장을 개조해 초콜릿 공장 시설과 시식이 가능한 테이스팅 살롱까지 겸비했다.[5] 매장 이름도 공장이라는 단어를 넣어 '카카오빈-초콜릿바 팩토리 앤드 살롱Bean-to-Bar Factory & Salon'이라고 지었다. 이 매장은 페이스북 본사를 디자인한 겐슬러Gensler가 공간 디자인을 맡아 벽돌과 나무의 거친 느낌이 그대로 살아있는 가운데 모던한 스타일을 절묘하게 녹여냈다. 이 매장에는 초콜릿 클래스, 카페, 핫초콜릿과 단델리온의 카카오바 등의 상품 판매 공간 등이 있고 공장 방문을 원하는 사람들을

거대한 초콜릿 공장 같은 샌프란시스코의 단델리온 매장.

대상으로 워킹 투어도 제공한다. 바닐라 크림과 초콜릿 메이플 시럽을 얹은 초콜릿칩 팬케이크 등의 브런치 메뉴와 트리 투 바Tree to Bar라는 8가지 코스로 이뤄진 테이스팅 메뉴도 판매한다. 투어의 매력은 무엇보다도 초콜릿 제조의 전 공정을 한눈에 볼 수 있다는 점이다. 높은 천장, 조명 등이 어우러진 19세기 공장 같은 느낌, 단델리온은 이 콘셉트를 일본에 수출해 2개 매장을 운영하고 있다.

단델리온은 2010년 샌프란시스코 실리콘밸리의 한 창고에서 공동 창업자 토드 마소니스Todd Masonis와 캐머런 링Cameron Ring이 창업했다. 1990년대 중반 샌프란시스코의 수제 초콜릿 메이커 샤펜버거초콜릿Scharffen Berger Chocolate에서 영감을 얻었다.[6] 당시 수제초콜릿 시장이 성장하던 타이밍과도 잘 맞아떨어진 덕에, 2013년 인더스트리얼 스타일의 오픈형 공장 카페 매장을 오픈하자마자 매출 100만 달러(12억 원)를 기록했다. 현재 연간 매출은 1650만 달러(약 198억 원)로 추정된다.[7]

수제초콜릿 매장의 콘셉트로 왜 인더스트리얼 스타일을 선택했을까? 아마도 수제 공정에 필수적인 장인정신을 간접적으로 드러내기 위해서였을 것이다. 예를 들어 고디바 초콜릿 매장에서 고급스러운 초콜릿을 보는 것과 초콜릿 공장에서 제조 공정을 지켜보는 체험은 상품에 대한 서로 다른 인식을 낳기 마련이다.

한국에서 인더스트리얼 스타일을 수면 위로 부상시킨 곳으로는 단연 성수동을 꼽을 수 있다. 수제신발 제조업으로 유명한 공장지대인 성수동은 미국의 브루클린처럼 그 지역의 정체성이 분명한 곳이다. 성수동 인더스트리얼 스타일 유행의 첫 단추를 끼운 매장이 대림창고다. 철로 제작된 간판, 입구 근처의 대형 조형물, 낡고 거친 느낌의 빈티지 감성이 여기저기 무심히 놓여 있는 듯한 미술작품들과 높은 천장을 통해 들어오는 햇볕 등이 어우러져 세련된 인더스트리얼을 연출한다. 카페 주인이자 설치미술가인 대림창고 창업자는 한 인터뷰에서 정미소와 제철소로 사용되던 공간을 갤러리 감각의 복합공간으로 리모델링했더니 한 달에 4만여 명, 연간 40만~50만 명이 찾더라고 말했다. [8] 대림창고 2호점으로 오픈한 '성수 할아버지 공장'은 넓은 마당과 테라스, 외부에서도 눈길을 끄는 오두막집, 목제 테이블과 그림 등으로 사람들의 발길을 끈다.

제주도 한림읍의 앤트러사이트도 감자와 고구마를 갈고 말리던 전

성수동 대림창고 2호점인 성수 할아버지 공장.

분공장을 개조한 것이다. 앤트러사이트 제주점은 카페 여기저기에 놓여 있는 폐공장의 녹슨 기계와 마감하지 않은 콘크리트 벽면의 거친 감각이 멋스럽다. 앤트러사이트 서울 이태원점도 공장 느낌이 물씬 나는 건물의 본래 감성을 잘 살렸다. 무심코 지나면 커피숍인지 잘 모를 정도의 외관이지만 실내는 독특한 인테리어와 테이블, 나무들이 잘 어우러져 있다. 낡고 거친 느낌이 강한데 오히려 그 점이 무연탄이라는 뜻의 매장 이름과 어우러져 이태원의 개성 넘치는 쿨cool한 스타일과 잘 연결된다. 매장에서 판매하는 원두 포장지에도 무연탄 사진을 담았고, 원두도 '공기와 꿈', '버터 팻 트리오' 등 독특한 네이밍으로 앤트러사이트만의 브랜딩을 시도했다.

경기도 파주의 더티트렁크 커피팩토리Dirty Trunk Coffee Factory도 과감한 인더스트리얼 스타일을 적용한 국내 최대 규모의 카페 겸 레스토랑이다. 복층형 구조에 600여 평에 이르는 압도적인 규모를 자랑하는 이 매장은 하루 방문객 수가 최고 1만 8000명에 이르고, 월 매출이 7~8억 원, 연 매출이 평균 80억 원에 달한다. 키친, 베이커리, 바와 카페를 아우르는 올인원all-in-one 콘셉트로 연령대에 상관없이 누구나 즐길 수 있다. 외관 자체에서 창고형 스타일이 드러나며, 내부의 철골 구조와 붉은 벽돌, 드럼통과 나무, 책, 그리고 청록빛turquoise blue 색깔로 인더스트리얼 스타일을 조성했다. 목제 테이블과 계단형 좌석, 서재 같은 공간, 멋진 전망을 즐길 수 있는 창가 좌석 등 다양한 콘셉트의 좌석이 있어 공간 곳곳 지루할 틈이 없다. 1, 2층을 계단식 좌석으로 연결했고,

폐공장 같은 낡고 거친 느낌을 멋스럽게 살린 앤트러사이트.

2층 가운데를 비워 개방감을 주었다. 베이커리 섹션에는 작은 화분에 손글씨로 빵 이름을 적어놓았고, 오픈 키친으로 조리하는 모습을 그대로 공개하고 있으며, 다양한 브런치 메뉴와 베이커리 아이템과 주류를 판매한다. 더티트렁크라는 명칭의 커피 원두와 굿즈도 판매한다. 새로운 스타일과 핫한 장소를 원하는 젊은 소비자들이 사진 찍기에 좋을 과하지 않은 조명과 포토스팟도 이곳저곳 영리하게 마련해두었다. 서비스는 모두 셀프로 제공하는 대신 고객 편의를 실시간으로 체크하는 플로어팀을 구성해 수시로 고객 만족도를 확인하는 방식으로 운영된다. [9] 메뉴와 분위기, 색다른 인테리어와 사진 찍기 좋은 공간 등을 너무도 잘 융합한 이 매장은 베이비부머부터 Z세대까지 아우를 수 있는 매장으로 승승장구 중이다.

이렇게 F&B 영역에서 인더스트리얼 스타일이 어필할 수 있었던 이유는 거친 듯하지만 '본연 그대로' 느껴지는 분위기 때문이다. 한국에서는 2010년 초반까지만 해도 '고급스러운 분위기 vs. 패스트푸드점 같은 분위기'의 양대 구도였던 F&B 영역은 인더스트리얼 스타일이 들어서면서 보다 다양해졌다. 인더스트리얼 스타일의 정신과 오리지널리티를 강화하는 전략은 색다른 경험을 원하는 소비자들에게 매력적으로 다가갈 수 있었다.

라이프스타일 속 인더스트리얼 스타일

호텔은 F&B보다 '고급 vs. 일반'의 구분이 더 뚜렷한 카테고리다. '호텔' 하면 대개 고정적으로 떠올리는 이미지가 있다. 그런데 그런 고정관념을 과감히 깨뜨리고 인더스트리얼 디자인을 적용해 젊은 세대들에게 인기를 끄는 호텔이 있다. 바로 목시 호텔Moxy Hotel이다. 메리어트Marriot에서 젊은 소비자들을 겨냥해 론칭한 합리적 가격대의 호텔이다. 메리어트는 세계적 명성을 자랑하는 호텔이지만 고급스러움 말고는 뚜렷한 개성이 없어 젊은 소비자들에게 인기가 없었다. 이에 메리어트는 한 곳을 방문하더라도 인스타그램에 인증샷을 올리고 싶어 하는 밀레니얼 소비자를 공략하고자 2014년 젊은 감성의 목시 호텔을 론칭했다. 참고로 힐튼 호텔의 트루 바이 힐튼Tru by Hilton도 젊은 소비자들을 타깃으로 한 모델이다.

목시 호텔은 기존 호텔과의 차별화를 위해 과감하게 인더스트리얼 스타일을 적용해 힙함을 강조한다. 호텔 로비부터 콘크리트 바닥에 오픈 천장, 노출 철근, 힙한 조명과 펑키한 분위기의 호텔 바로 차별화했다. 객실도 인더스트리얼 스타일의 가구와 조명으로 꼭 필요한 것만 갖춰놓았다. 다림질은 공동 다림질 공간을 이용하게끔 하고, 아침 메뉴를 픽업할 수 있는 그랩앤고Grab & Go와 애완견도 같이 묵을 수 있는 서비스도 제공한다. 편의성과 가성비를 중시하는 밀레니얼을 위한 세심한 경험 디자인이 느껴진다.

특히 목시 호텔의 뉴욕 첼시 지점은 인더스트리얼 스타일의 감성을 더욱 강조했다. 첼시는 앞서 언급한 미트패킹 지구에 인접한 곳이라 그곳의 뚜렷한 인더스트리얼 분위기와 잘 조화되도록 특별히 신경을 쓴 것이다. 호텔 체크인 공간은 목조와 철근을 이용한 데스크와 조명으로 심플하면서도 감각적으로 연출했다. 또한 부티크 플로럴 디자인 회사 펏남 앤 펏남Putnam & Putnam에서 목시 호텔을 위한 감각적인 향까지 공수해 목시만의 향기로 공간을 채웠다.[10] 2~3층에 걸친 아트리움Atrium 형식의 확 트인 천장에는 정원을 조성했다. 목시 호텔과 같은 이런 다양한 측면의 감각적인 스타일을 일명 '칙 인더스트리얼 스타일chic industrial style'로 구분하기도 한다.

목시 호텔의 인기는 원래 타깃으로 삼았던 밀레니얼 소비자뿐 아니라 Z세대에게까지 확장되고 있다. 호주의 대학생 네트워크인 유니데이즈Unidays와 글로벌 광고컨설팅 회사 애드에이지Ad Age의 조사에 따르면 Z세대는 경제 사정상 에어비앤비 같은 저렴한 옵션을 택할 거라는 예상과 달리 의외로 호텔을 선호한다.[11] 1430조 달러의 구매력을 가진 Z세대는 소비에 있어 자기 색을 드러낼 수 있는 뚜렷한 취향과 컬러, 소셜미디어에 공유할 수 있는 콘텐츠를 원한다. 예를 들어 보스턴을 방문한다면 1851년에 지어진 찰스 스트리트 감옥을 개조한 호텔에, 스웨덴을 방문한다면 이케아 박물관이 있는 알름홀트에 위치한 이케아 부티크 호텔에 머물고 싶어 한다. 그런 Z세대에게 특색 없는 기존 호텔보다는 개성 넘치는 목시 호텔이 당연히 더 매력적으로 보일 수밖에 없다.

미국 라스베이거스에 위치한 다운타운 컨테이너 파크Downtown Container Park도 라이프스타일에 인더스트리얼 스타일을 잘 융합한 사례다. 이곳의 특징은 43개 물류배송 컨테이너를 재활용한 익스트림Xtreme 큐브로 만들어졌다는 점이다. 규모는 그리 크지 않지만 아트 파크, 라이브 뮤직, 트리하우스, 게임 시설 등 다양한 콘텐츠로 '인더스트리얼 스타일의 라이프스타일 센터'로 포지셔닝했다. 라이프스타일 센터란 야외 쇼핑이 가능한 매장에 레스토랑, 식품 리테일러 등 일상생활을 위한 쇼핑은 물론 트렌디한 상품과 식생활 등 삶의 전반적인 니즈를 만족시켜줄 수 있는 곳을 말한다. 2020년 2월 기준 약 8000여 개가 넘는 구글 리뷰가 올라와 있고, '독특한unique', '화물 컨테이너로 만든 완전 신나고 멋진 공간awesome place built out of shipping containers', '재미있는fun', '굉장히 만족스러운 경험great experience' 등의 표현을 볼 때 성공적인 브랜딩임을 알 수 있다.

젊은 세대를 겨냥한 메리어트의 인더스트리얼 콘셉트 목시 호텔.

인더스트리얼 스타일을 성공적으로 적용하려면

　이미 인더스트리얼 스타일은 우리에게 꽤 익숙하다. 그래서인지 이제 인더스트리얼 스타일의 시류가 지나고 있다는 시각도 있다. 그렇다면 앞으로는 어떨까? 필자는 '앞으로도 인더스트리얼 스타일은 여전히 유효하다'고 생각한다.

　우리나라의 소비 패러다임을 살펴보자. 2000년대 화려함으로만 가득하던 소비문화에 대한 반작용으로 2010년대 초반 자연친화적이고 소박한 모던함이 특징인 북유럽 스타일이 인기를 끌었다. 이후 2015년쯤부터 거칠지만 있는 그대로를 강조하는 인더스트리얼 스타일이 주목을 받았다. 인더스트리얼 스타일의 핵심은 단순하면서도 기능에 충실한 낡고 거친 느낌이다. 공장에 있는 듯한 철근과 파이프, 세월의 흔적을 담은 거친 느낌의 콘크리트 벽과 벽돌 등의 요소는 새로운 감성을 느끼기에 충분하다. 게다가 중요한 소비층으로 부상한 Z세대를 포함한 젊은 세대는 소셜미디어에 공유할 만한 가치가 있는 분명한 아이덴티티를 원한다. 따라서 앞으로 적어도 몇 년간은 인더스트리얼 스타일의 인기가 이어질 것으로 보인다.

　하지만 앞으로의 인더스트리얼 스타일은 기존과는 다른 방향으로 추진하는 것이 효과적일 것이다. 지금까지의 스타일을 전통적인 인더스트리얼이라 한다면, 향후 포스트 인더스트리얼 스타일은 크게 두 가지 방향으로 생각해볼 수 있다. 첫째, 인테리어적인 측면에서는 인더스트리얼의 핵심을 담되 고급화된 인더스트리얼 디자인을 도입하는 것이다. 시사점을 제공할 수 있는 예가 시카고의 스타벅스 리저브Reserve 매장이다. 2019년 11월 무려 5층 규모로 개장한 이 매장은 상하이 매장이 가지고 있던 세계 1위 타이틀을 빼앗아갔다. 스타벅스 리저브 매장의 핵심 콘셉트는 바로 세련된 인더스트리얼 스타일이다. 금속과 목재를 적절히 섞어 배치하고 세련된 조명으로 고급스러운 분위기를 연출한다. 특히 컨베이어 벨트는 5층 전체를 관통하는 규모일 뿐 아니라 그 색감과 디자인이 기존 스타일보다 훨씬 더 고급스럽다. 컨베이어 벨트는 장식물이 아니라 매일 볶는 227킬로그램 이상의 커피 원두를 보관하는 곳이다. 다양한 커피 바에서 커피 장인의 열정을 담은 커피 한 잔의 경험을 제공할 수 있도록 설계했으며, 각각의 층마다 커피 바리스타, 서비스 직원, 호기심 가득한 다양한 소비자들로 활기가 넘친다. 전체 3300제곱미터 규모의 고급스럽고 세련된 분위기 속에서 '오감을 감싸 몰입시키는 고객 경험Immersive Customer Experience'을 제공하는 것, 그것이 세계 1위 매장의 위엄이다. [12]

스타벅스 시카고 매장은 사물인터넷IoT과 증강현실AR 기술을 도입했을 뿐 아니라 로스팅 과정도 첨단 기술로 조절한다. 그렇기 때문에 거대한 커피 원두 로스팅 기계를 운영하는 데 한두 명의 직원만으로도 충분하다. 구석구석이 스마트 공장처럼 보이는 리테일 매장으로 설계

스타벅스 리저브 시카고 매장의 컨베이어 벨트.

되었다. 스타벅스 리저브 매장을 '고급화된 공장화'로도 볼 수 있는 이유다. 시카고 매장 개장 전까지 세계에서 가장 큰 리저브 매장이었던 상하이 매장 역시 증강현실이 도입되면서 시카고 매장과 상하이 매장은 스마트 기술까지 더한 '고급화된 인더스트리얼 스타일'의 진수를 보여주고 있다.

 '이런 스마트한 인더스트리얼은 대규모 투자가 있어야만 가능한 것 아닌가?' 하는 의문을 갖는 독자도 있을 것이다. 물론 대기업들은 인더스트리얼에 스마트함을 더하는 데 훨씬 유리한 위치에 있다. 하지만 작은 규모의 커피 브랜드라고 해도 인더스트리얼 스타일로 인테리어를 하고, 단델리온처럼 커피·음식의 조리 공정은 좀 더 노출하되 모바일 오더를 제공하는 정도라면 충분할 것이다. 스마트한 인더스트리얼의 궁극적 목적은 공간에서 느낄 수 있는 인더스트리얼만의 분위기와 제조 공정의 공유로부터 느껴지는 투명성, 그리고 언택트에 익숙해진 소비자들을 위한 편의성이 더해진 소비 경험을 제공하는 것이다.

특히 한국에서 가능할 만한 두 번째 방향은 예술 감각과 콘텐츠를 강화한 인더스트리얼이다. 콘텐츠란 무엇인가? 오프라인 공간을 하드웨어라고 한다면 소프트웨어가 콘텐츠다. 리테일 공간을 혁신해 생명력을 불어넣는 것은 바로 콘텐츠라 할 수 있다. 예를 들어 인더스트리얼 스타일이 유행이라고 해도, 그 안에서 파는 브랜드와 상품, 인테리어와 소품 등을 어떻게 큐레이션해 콘텐츠화하느냐에 따라 그 매장의 아이덴티티가 결정되는 법이다.

하버드 경영대학원 교수 바라트 아난드Bharat Anand는 《콘텐츠의 미래》[13]에서 사용자, 제품, 기능적 연결을 강조했다. 콘텐츠 자체의 힘에 얽매일 게 아니라 연결성에 집중해야 하고, 경쟁자가 나타났을 때는 자신의 콘텐츠를 지키는 데 파묻히지 말고 오히려 콘텐츠를 확장할 때 원래의 콘텐츠가 보존될 수 있다고 주장한다. 콘텐츠를 중심으로 하는 성공 법칙에 대한 기존의 관점과 태도의 전환도 필요하다고 언급한다. 그런 면에서 향후 인더스트리얼 스타일은 인더스트리얼이라는 정수는 유지하되 한쪽은 스마트함과 고급스러움을 강조하고 다른 한쪽은 클래식하면서도 위트 있는 악센트를 더한 스타일로 진화할 것으로 예측된다. 즉 인더스트리얼 인테리어가 주는 거친 질감의 마감재들과 철재, 어두운 벽 등의 분위기는 유지하면서 인더스트리얼 특유의 감성을 예술적으로 더 강화해 갤러리처럼 만들거나 혹은 가볍고 위트 있는 오브제로 변화를 주는 방식이라 할 수 있겠다.

한국의 경우 테라로사 경포점이나 부산 F1963점이 시사점을 줄 수 있다. 테라로사 경포점은 커피 서점이라 불린다. 테라로사의 커피 맛과 분위기에 한길서가라는 서점을 추가해 기존의 인더스트리얼 분위기는 부드럽게 완화시키고, 대신 서점 공간이 매장의 반 정도를 차지하게 만들었다. 부산 F1963점의 경우 실제 공장 철판을 두드려 만든 의자와 테이블, 공장에 있었던 듯한 기계를 조형물로 전시하고, 공장 분위기가 물씬 나는 천장 구조물 등 인더스트리얼의 정수에 더해 철제 계단에 앉아 공연을 볼 수 있는 복합문화공간으로 만들었다. 즉 하나의 브랜드 안에서도 콘텐츠별로 인더스트리얼의 강약과 콘텐츠의 확장으로 고객들이 방문할 이유를 제시하고 있다.

어느 방향을 택하든 우선은 인더스트리얼 스타일이 자신의 브랜드 정체성을 소통하는 데 적합한지 신중하게 검토할 필요가 있다. 성수동에 땅굴마켓과 성수연방 등 계속해서 스타트업들이 모이는 이유는 스타트업 특유의 거칠지만 자신의 아이디어를 밀고나가는 열정이 성수동의 아이덴티티와 잘 맞물렸기 때문이다. 단순히 인기 있는 콘셉트나 인테리어 스타일이라는 이유로 별다른 고민 없이 매장에 적용하다가는 오히려 브랜드 정체성에 혼란을 초래할 수 있다.

그런 면에서 성수동에 있는 블루보틀Blue Bottle 매장 1호점은 개인적으로 아쉬운 마음이 있었다. 미국 샌프란시스코 오클랜드에서 시작한 블루보틀은 뉴욕과 시카고, 보스턴 등에 위치해 있다. 미국 매장들은

인더스트리얼 콘셉트에 공연과 전시 등을 통해 콘텐츠의 확장을 보여준 부산 F1963.

흰 벽 또는 나무나 벽돌을 강조한 스타일, 블루보틀 로고를 잘 조합해 모던하고 깔끔한 이미지다. 일본 고베점은 흰색, 회색의 미니멀한 선반, 놋쇠 마감 테이블과 목제 의자 등 보다 세련된 인더스트리얼 스타일을 선보인다. 이런 스타일을 고집하는 이유는 고객 한 명의 주문에 15분을 할애한다는 원칙, 그만큼 바리스타가 한 잔의 커피를 정성껏 내린다는 신념을 드러내기 위해서다. 그런데 2019년 5월 성수동에 선보인 블루보틀 1호점 공간은 블루보틀의 모던한 미니멀리즘, 바리스타가 정성껏 내린 커피의 이미지와는 다소 거리가 있어 보였다. 다행히 이후 오픈된 삼청동점이나 강남점, 한남동점은 블루보틀 특유의 깔끔한 인더스트리얼을 잘 담아 비판적 시각에서 벗어난 듯하다.

수많은 매장들이 인더스트리얼 스타일을 도입하지만 모든 매장이 브랜딩에 성공하는 것은 아니라는 점을 유념하자. 인더스트리얼 스타일 자체가 힙함을 의미하는 건 아니며, 노출 콘크리트로 무엇을 소통할 것인지 그리고 브랜드 정체성과 맞는지 꼼꼼한 검토가 필요하다는 의미다. 결론적으로 브랜드 스토리·역사와의 연관성을 살리고, 스마트하고 고급화된 인더스트리얼 스타일을 토대로 매장의 콘텐츠를 꾸준히 업데이트해야 소비자들의 재방문을 유도할 수 있을 것이다. 그것이 앙버터와의 조합이든, 서점이나 공연 또는 뉴트로의 감성이든, 첨단 기술로 업데이트한 서비스 경험이든 말이다. 젊은 소비자들은 인스타그램 포스팅을 위해 언제든지 또 다른 힙한 매장으로 이동할 수 있다는 점을 명심하자.

CHECK POINT

— ❶ —

제조 공정이나 건축 자재를 그대로 노출함으로써
투명성과 진정성을 전달하는 것이 인더스트리얼의 궁극적 목적이다.

— ❷ —

고급화, 예술감각과 콘텐츠 강화 등 맥락의 확장을 통한
포스트 인더스트리얼이 새로운 차별화 전략이다.

— ❸ —

인더스트리얼 스타일은
브랜드 스토리와 잘 융합되는 것이 무엇보다 중요하다.

5장

Re-Green

Retail Lab

Re-Physital

Re-Analog

Retailtainme

Reinventing Space

RE-
ANALOG

진화한 아날로그

인간의 감성을 건드리는 매장을 구현하다

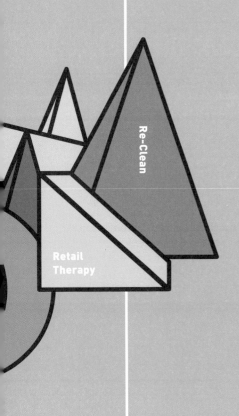

Re-Clean

Retail
Therapy

RE- ANALOG

　최근 LP판으로 음악을 들어본 적이 있는가? 어렸을 때 듣곤 했던 LP 판은 불행히도 1990년대 CD의 폭발적인 인기로 거의 사라졌다. 한국에서도 홍대와 명동의 유명 레코드판 전문점이 이 여파로 문을 닫았다. 참고로 우리가 말하는 LP는 Long Playing Record의 줄임말로 한 면에 20~40분 분량의 음악을 담을 수 있는 판이다.[1] 미국에선 바이닐Vinyl이라고 불린다. 그런데 놀랍게도 최근 LP가 부활하는 추세다. 통계조사 기관 스태티스타Statista에 따르면 미국에서 바이닐 레코드 판매가 13년 연속 증가해 2018년 기준 전년 대비 14.6%나 늘어난 1600만 장이 팔렸고 이는 전체 음반 판매 중 12%에 해당한다(161쪽 표).[2] 영국 LP 시장도 부활하는 추세다. 영국 LP 시장의 최대 고객은 누구일까? 놀랍게도

18~24세 소비자, 즉 Z세대다.[3]

LP판의 화려한 부활.

LP판의 부활은 디지털이 우리 삶을 지배하면 할수록 수면 위로 드러나는 인간의 본성과 연관이 있다. 즉 우리 본성이 디지털보다 아날로그와 더 부합하기 때문에 본능적으로 아날로그 감성을 찾게 되는 것이다. 더구나 Z세대가 LP판의 부활을 견인한 소비자라는 점은 두 가지 측면에서 중요하다. 첫째, 디지털 네이티브인 젊은 소비자들도 아날로그 감성을 선호할 수 있다는 가능성을 보여준다. 둘째, 이들이 LP판 같은 아날로그 감성이 담긴 상품을 선택한다는 것은 획일화되지 않은 독창적인 상품과 서비스를 원한

■ 미국 LP판 판매 성장세 ■

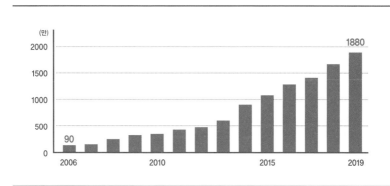

출처 _ 닐슨, 스태티스타(2020년 8월)

다는 것을 시사한다. 이런 측면에서 아날로그 감성을 새롭게 구현하는 것은 오프라인 매장의 중요한 전략이 될 수 있다.

아날로그란 무엇인가

'아날로그analogue'의 사전적 정의는 '0'과 '1'이라는 신호로 구성된 디지털과 달리 연속적으로 변화하는 물리량을 나타내는 것'이다. 예를 들어 아날로그 시계를 보면 초침, 분침, 시침이 연속적으로 움직이며 서로 교차한다. 우리는 아날로그 시계를 보면서 감으로 '1시 30분 정도'라고 파악하지, '1시 31분 23초구나'라고 생각하지 않는다. 반면 디지털 시계는 숫자로 시, 분, 초 단위로 시간을 딱 떨어지게 알려준다. 분명하지만 연속성이 없는 것이 디지털의 세계다. 대형마트에서 점원과 대면 없이 자동화된 셀프 계산대에서 구매할 물품을 하나씩 스캔하고 카드로 계산을 마치는 경험은 디지털 쇼핑이라고 볼 수 있다.

《아날로그의 반격The Revenge of Analog》을 쓴 데이비드 색스David Sax[4]는 모든 것이 디지털화되어가는 세계 속에서 어떤 향수를 일으키거나 힙한 트렌드가 아닌, 그 실재적 경험을 제공한다는 점에서 아날로그 경험이 중요하다고 강조했다. 전자책 판매가 증가할수록 책장 넘기는 느낌을 원하는 사람들이 많아지는 것처럼 말이다. 아날로그가 디지털보다 효율성이 떨어지고, 불완전하고, 속도감이 떨어진다 하더라도 오히려 그것이 인간의 불완전성과 잘 어울려 세계와 소통하는 방식이라는 것이다.

필자는 전작 《리테일의 미래》에서 리테일 테크와 언택트 리테일, AR·VR 등 새로운 기술이 바꿀 리테일 트렌드를 논했다. 놀랍게도 코로나19로 인해 몇 가지 트렌드는 예상보다 일찍 우리 삶의 기본으로 자리 잡았다. 그런데 한번 생각해보자. 스마트폰과 스마트스피커 같은 테크 가젯 tech-gadget(기술 기반 도구)과 디지털, 그리고 언택트 라이프스타일로 옮겨가면서 아날로그 감성은 사라질까?

필자는 언택트와 무인화 그리고 로봇과 함께하는 리테일의 미래 속에서 아날로그 감성이 오프라인 매장의 강점으로 존재하고, 오프라인이 살아남을 수 있는 하나의 전략으로서 빛을 발할 것이라고 생각한다. 실재하는 쇼핑 공간에서의 사람 간 관계 중심 교감은 디지털에서는 느낄 수 없는 비정형화된 교감이다. 비정형적이기 때문에 가능한 유연성과 연필의 사각사각 소리 같은 아날로그만의 감성은 알고리즘으로 채워질 수 없는 독특한 영역이다. 또한 아날로그는 브랜드의 실재성과 오가닉 Organic(있는 그대로의 본연 그 자체를 의미)한 경험을 가능케 한다. 온라인과 VR이 아무리 발달하더라도 오프라인 공간에서 느끼는 이러한 아날로그 감성을 100% 대신할 수 없다. 또한 옴니채널을 통해 온·오프라인이 융합된 경험은 온라인과 오프라인에 독립적인 역할을 부여할 것이며 각각 공존하면서 우리의 삶을 채울 것이다. 구글 캘린더에 일정을 정리하지만, 1~2일에 한 번은 몰스킨 다이어리에 직접 펜으로 일정을 정리하는 조합처럼 말이다.

따라서 코로나19 이후 디지털과 언택트가 강조되는 시대에도 오프라인 매장에 아날로그 감성을 적용하는 것은 브랜딩에 효과적인 전략이 될 수 있다. 단순히 과거의 향수를 불러일으키거나 전통적 경험을 제공하는 것만이 아닌, 2020년대 소비자들에게 맞게 진화한 아날로그 감성으로 차별화된 매장 경험을 제공해야 한다.

식문화를 아날로그 경험으로: 이탈리 스케일업 전략

2020년 4월 1일, 고급 식품 브랜드 딘앤델루카가 파산을 신고했다. 최고급 프리미엄 식재료를 판매하며 70여 년의 역사를 이어오던 딘앤델루카가 파산했다는 사실은 무엇을 시사할까? 최고급 식재료도 이제는 온라인에서도 구입이 가능하다 보니 오프라인에서 상품 이상의 가치와 특색이 분명하지 않으면 오랜 역사를 가지고 있더라도 위기에서 안전할 수 없다는 것을 의미한다. 이미 식품 소비의 중심은 '상품 구매'에서 '경험 구매'로 이동했다. 따라서 식문화를 통해 경험을 판매하는 전략으로 차별화해야 한다. 구체적으로 어떤 전략을 펼쳐야 할까?

이런 측면에서 가장 주목할 만한 리테일러가 바로 이탈리Eataly다. 이탈리는 창업자 오스카 파리네티Oscar Farinetti가 2007년 이탈리아에 첫 매장을 오픈한 이후 미국, 캐나다, 프랑스 등으로 사업을 확장하며 글로벌 리테일러가 되었다. 전 세계 40개 매장을 운영하고 있고 미국에는 2010년 첫 매장을 오픈했다. 2020년 텍사스에 매장을, 2021년에는 실리콘밸리의 3층 건물에 약 4700제곱미터로 미국에서 가장 큰 규모의 매장을 열 예정이다.[5] 한국에는 현대백화점 판교점에 입점해 있다.

이탈리의 슬로건은 '먹고, 쇼핑하고, 배우다 Eat, Shop, Learn'이다. 이 슬로건의 글자 그대로 이탈리 매장 안에서는 슈퍼마켓, 레스토랑, 신선식품 매장, 카페, 젤라토 가게, 쿠킹 클래스까지, 이탈리아 정통의 음식문화 전 영역을 한 곳에서 경험할 수 있다.

필자도 시카고와 뉴욕을 방문할 때면 꼭 이탈리 매장에 들르곤 한다. 2014년 시카고에 갔을 때 이탈리에 방문했던 기억이 아직도 생생할 정도로 인상적이었다. 문을 열고 들어가니 1층에 파머스 마켓 famers market을 연상시키는 신선식품 전시·판매 공간이 있었고 오른쪽에는 라바짜 Lavazza 커피, 이탈리아의 초콜릿 브랜드 누텔라 Nutella, 이탈리아를 대표하는 젤라토 브랜드들이 벽을 돌아가며 영업 중이었다. 라바짜는 1895년 이탈리아 토리노 Turin 지역에서 가족 브랜드로 시작한 이후 우리나라에서도 인기가 많은 역사 깊은 이탈리아 커피 브랜드다.[6] 1층은 디저트와 간식을 캐주얼하게 즐길 수 있는 공간이었던 반면, 엘리베이터를 타고 2층에 올라가니 이탈리아 요리책과 스파게티 면, 소스 등의 상품들이 서점 같은 분위기 속에 전시되어 있고 매장 중간 넓은 공간에서는 그곳을 가득히 메운 사람들이 즐겁게 식사하는 모습을 볼 수 있었다. 매장 한쪽 코너에는 예약을 해야 하는 고급스러운 분위기의 이탈리언 레스토랑이,

그리고 반대쪽 코너에는 쿠킹 클래스가 운영되는 공간이 있었다.

뉴욕 매장은 규모도 더 크고 더 북적북적한 느낌이다. 정육점, 해산물, 생파스타, 치즈, 살라미와 신선식품을 판매하는 공간, 파니니와 빵 등 간단하게 끼니를 해결할 수 있는 4개의 카페와 6개의 메인 레스토랑을 이탈리 매장 안에 운영한다. 캐주얼한 이탤리언 레스토랑 만조Manzo 부터, 해산물 레스토랑 일 페스체Il Pesce, 라바짜 커피, 초콜릿 전문점 벤치 Venchi, 젤라토 전문점 일 젤라토Il Gelato 등이 다양한 욕구를 만족시킨다. 이탈리처럼 자체 식품 매장에서 레스토랑 경험을 제공하는 것을 그로서란트grocerant(grocery+restaurant)라고 정의한다.

이탈리는 집에서도 이탈리아 정통 요리를 만들어볼 수 있도록 식재료 판매는 물론 쿠킹 클래스까지 운영 중이다. 이렇게 이탈리는 이탈리아 식문화의 오리지널리티와 재래시장 같은 북적북적한 느낌을 그로서란트, 식품 쇼핑, 그리고 배움이라는 세 가지 측면에서 잘 녹여내고 있다. 그러는 한편, 세련된 스타일의 사이니지signage(간판 같은 상업용 안내표시)로 한층 업그레이드된 식문화 매장의 방점을 찍는다. 어떤 미국인들은 이탈리가 생기기 전에 먹은 이탈리아 음식은 진짜 이탈리아 음식이 아니었다는 말을 할 정도다.

학계에서도 이탈리를 케이스 스터디(사례연구) 주제로 삼을 정도로 시사점이 많다. 디 피에트로Di Pietro[7]와 그의 동료는 이탈리와 어린이 직업 체험 테마파크 키자니아KidZania에 대한 케이스 스터디에서, 이탈리가 글로벌 브랜드로 스케일업Scale-up(사업 규모 확대)할 수 있었던 요인을

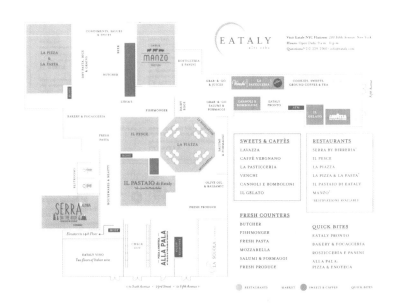

이탈리 뉴욕 매장 조감도(2020년 1월 기준)와
이탈리아 식문화를 아날로그 감성으로 구현한
이탈리 매장의 모습.

크게 1) 브랜드 스토리의 실제화, 지역사회와의 적응과 포용을 통한 가치 명제 창조, 2) 지역사회의 규범과 규칙, 소비자 웰빙과 지속가능성을 반영한 규제화된 규범과 규칙, 3) 글로벌 매장의 지분 감소를 통한 자체 자율권과 지역사회 인력 고용 등의 전략적 파트너십, 4) 로컬 브랜드와 혁신적 서비스 활동 등의 통합으로 분석했다. 예를 들면 이탈리아에 있는 이탈리 매장에서는 지역 공급자 비율이 40% 정도이지만, 지역 농산

■ 이탈리의 스케일업 요소 ■

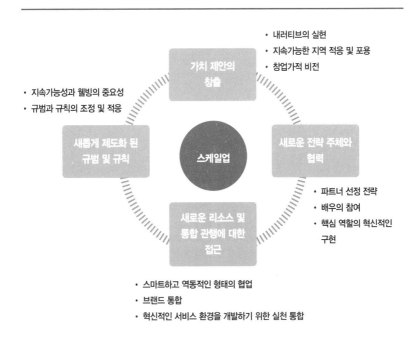

출처 _ 저널 오브 서비스 매니지먼트Journal of Service Management(2018년)

물 생산이 풍부한 미국에서는 지역 공급자 비율이 50% 이상이다. 이탈리의 식문화가 로컬local 기반이라는 점에 중점을 둔 것이다.

이탈리가 그로서란트 중심의 식문화로 아날로그 경험을 제공한다면 그보다 더 큰 규모의 공간인 푸드홀food hall로 한 나라의 식문화를 보여주는 사례도 있다. 브루클린 인더스트리 시티에 위치한 재팬빌리지Japan Village에서는 일본 식문화를 푸드홀 형태로 제공한다. 약 1900제곱미터에 달하는 대규모 공간에 일본 사케와 위스키, 이자카야, 일본식 숙성회에 선라이즈 마트까지 다양한 측면으로 구성했다.[8] 재팬빌리지 소유자 타쿠야 요시다Takuya Yoshida는 뉴욕의 식당평가잡지 《이터Eater》와의 인터뷰에서 맨해튼에 있는 일본 슈퍼마켓에 온 것 같은 느낌이 아니라 '일본에 있는 한 슈퍼마켓'에 온 것 같은 느낌을 주려고 했다는 점을 강조했다. 즉 조명부터 매장 스타일, 입점된 매장들과 취급하는 상품들까지 일본 자체가 브랜딩이 되도록 세심하게 신경 썼다.

고객 맞춤 서비스와 로컬 브랜드 스토리텔링 전략

2017년 아마존에 인수된 미국의 유기농 슈퍼마켓 홀푸드마켓은 미국과 캐나다, 영국에 500개 매장을 가지고 있다. 2019년 매출이 171억 9000만 달러(약 20조 원)에 이르는[9] 홀푸드는 운영 초기부터 반조리·완전조리의 다양한 식사 메뉴와 매장 내 화덕에서 구운 피자 등의 테이크아웃 메뉴, 금요일엔 와인 테이스팅 등의 이벤트로 로컬 커뮤니티와의 소통에도 적극적이었다.

　뉴욕 맨해튼 브라이언 파크Bryan Park 지점은 여러 면에서 주목할 만하다. 1층에선 커피숍과 신선식품 중심 매대, 꽃과 다양한 식물이 방문하는 이들을 반기고, 2층에는 해산물 코너와 육류 코너, 샐러드바와 모던한 이탤리언 레스토랑이 캐주얼 레스토랑들과 함께 운영된다. 그런데 이 레스토랑들이 마켓 속에 잘 융합되어 '레스토랑에 간다'는 개념이 아니라 장 보러 온 김에 맛있는 식사도 하고 간다는 느낌이 잘 살아난다. 그중에서도 특히 두 가지 서비스가 눈에 띈다. 하나는 채소를 원하는 만큼 잘라주는 '베지터블 부처Vegetable Butcher' 서비스다. 채소를 마치 정육업자butcher처럼 원하는 대로 잘라준다는 개념으로, 원하는 부위의 육류 주문이 가능한 홀푸드마켓이 채소에도 적용한 서비스다. 브로콜리 반 송이, 양배추 4분의 1만 구입할 수 있게 잘라주는데 마치 옛날 재래시장처럼 직원과 소통할 수 있고 소비자 입장에서 편리한 서비스이기도 하다.

　눈에 띄는 또 다른 서비스는 스토리텔링으로 로컬 브랜드를 설명하는 것이다. 예를 들면 창업자의 사진을 담은 사이니지를 통해 뉴욕 매장에서 판매하는 핫소스가 근처 뉴저지에서 시작된 브랜드라는 사실을 알려준다. 내가 구매하는 핫소스가 바로 옆 동네에서 만들어진 브랜드라는 설명은 나와 브랜드 사이의 심리적 거리감을 좁히고 해당 상품을 취급하는 리테일러를 더 친근하게 느끼게 한다. 홀푸드는 로컬 셰프

로컬 브랜드의 이야기로 친근감을 주는 홀푸드마켓의 스토리텔링 전략.

와의 협업도 적극적으로 추진한다. 유명 셰프 마이클 솔로모노프Michael Solomonov와 함께 유태인들의 축제인 하누카 식단을 론칭하는가 하면, '365의 친구들Friends of 365'이라는 프로그램으로 홀푸드365(홀푸드 자체 브랜드, PB 중심의 중저가 콘셉트 매장)에 캐주얼 레스토랑을 입점시켜왔다. 한 예로 365의 친구들 프로그램에서 매출이 높았던 넥스트 레벨 버거Next Level Burger라는 비건 브랜드를 시애틀, 브루클린, 뉴욕, 샌프란시스코에 위치한 홀푸드365 매장에 입점시키기도 했다.

브루클린에 위치한 홀푸드365 매장에서는 셀프 맥주 바 '푸어마이비어PourMyBeer'를 운영하고 있다. 이곳에서는 원하는 종류의 맥주를 알아서 따라 먹을 수 있는데 맥주는 물론, 와인과 애플사이다 등의 음료도 소비자들이 스스로 원하는 잔에 따라 마신다. 앞으로 홀푸드365가 일반 매장으로 전환될 예정인 관계로 이 서비스의 지속 여부를 알 순 없지만, 고객 맞춤형 서비스 자체는 벤치마킹할 수 있는 좋은 사례라고 생각된다. 이렇게 홀푸드는 유기농 제품을 비롯한 상품에 대한 신뢰, 로컬 셰프와 레스토랑 등 그로서란트 경험, 푸어마이비어와 베지터블 부처 같은 커스터마이제이션customization(고객맞춤화) 서비스, 그리고 로컬 브랜드 스토리텔링을 통한 친근감 형성 등 아날로그 감성을 강화했다. 소비자가 온라인 주문을 하기보다 직접 방문하고 싶은 매장이 될 수 있었던 이유다.

고객이 직접 원하는 맥주나 음료를 따라 먹을 수 있는 홀푸드365의 푸어마이비어 서비스.

이마트 월계점의 오더메이드 서비스. 고객이 원하는 만큼의 육류, 생선류를 손질해주는 고객맞춤 서비스를 제공한다.

2020년 5월 새롭게 단장한 이마트 월계점에서도 축산 코너에서 원하는 대로 육류를 손질해주는 오더메이드order-made 서비스를 개시했다. 이 역시 베지터블 부처처럼 고객마다 다를 수 있는 소비 니즈를 고려한 고객맞춤 서비스다. 참고로 이마트 월계점은 이마트가 미래형 이마트를 염두에 두고 10개월간 리뉴얼을 진행한 매장이다.[10] 비식품 공간을 줄이고 오프라인의 강점인 식품 공간을 더 확장했는데, 즉석조리 매장을 크게 확대하고, 매장 초입에 과일이 아닌 전통적인 인기 먹거리와 유명 맛집의 델리 매장을 배치했다. 또한 1~2인 가구와 젊은 층을 겨냥한 반찬 코너가 있으며 수산 코너에서도 고객이 원하는 두께와 모양으로 손질을 해주는 서비스를 제공한다.

크래프트 감성으로 전하는 전문성

가끔 기회가 되면 수제맥주craft beer를 마신다. '수제'라는 이름이 주는 특별한 느낌 때문이다. 크래프트의 사전적 정의는 '어떤 기술을 가지고 손으로 무엇을 만드는 행위'다. 수제구두, 수제맥주, 수제박람회 등 수제라는 단어에는 손길과 기술의 의미가 내재되어 있다. 맥주의 효모와 온도 등 까다로운 맥주 제조의 과정을 그 공간에서 진행한다는 것, 맥주를 직접 만든다는 것은 주인의 전문성이 수반되는 작업이다. 그런 면에서 수제맥주를 주문할 때는 기성 맥주와는 다른, 장인정신과 손맛을 기대하게 된다. 일본의 기린맥주Kirin Brewery Company에서 인공지능을 이용해 까다로운 맥주 제조 공정을 장인의 손길 없이 가능하게 하는 데 성공했다는 뉴스를 보았다. 그런데 그 뉴스를 보면서 이상하게 반갑지가 않았다. 인공지능이 온도와 제조 공정을 빈틈없이 '완벽하게' 통제하겠지만 뭔가 빠진, 허전한 느낌이 들었기 때문이다.

수제맥주 성장세는 글로벌 흐름이다. 미국에서는 2018년 기준 전체 맥주 판매가 1% 감소한 데 반해 수제맥주 판매는 4% 증가하면서 전체 맥주 시장의 13.2%를 차지했다. 판매 금액으로 치면 전년 대비 276억 달러가 늘어 1142억 달러에 이르는 미국 맥주 시장의 24%나 차지했다.[11] 게다가 176쪽의 그래프[12]에서 확인할 수 있듯이 브루어리도 계속 증가하는 추세이며 미국인들 대다수의 거주지 약 16킬로미터 반경 안에 수제맥주 바가 있을 정도로 수제맥주가 미국 소비자들의 일상생활에 파고들고 있다. 2018년 기준 7450개의 브루어리가[13] 영업 중인데, 2018년 한 해에 새로 생긴 수제맥주 브루어리만 무려 1800개에 달한다.[14] 특히 최근 2010년 이후 마이크로브루어리microbrewery(소규모 양조장)의 성장이 두드러진다.

미국 수제맥주협회Brewers Association에서 정의한[15] 수제맥주의 특징은 이노베이션innovation, 즉 혁신이다. 전통적인 제조방법을 독특하게 재해석하거나 새로운 요소를 가미해 만들어낸 독특함을 수제맥주의 핵심으로 본다. 또한 상품 기부 또는 후원 등을 통해 지역 커뮤니티와의 관계 수립에 노력하는 등 기업의 필란트로피Philanthropy(박애)도 중요하게 여긴다.

미국에서는 수제맥주가 지역 상품이 되기도 한다. 예를 들어 노스캐롤라이나 주 애슈빌에서는 애슈빌 브루잉Asheville Brewing, 위키드위드 브루잉Wicked Weed Brewing 등의 브랜드가 유명하다. 한 골목 전체가 수제맥주 전문점들로 이뤄져 일명 펍 호핑Pub Hopping(펍을 이동하며 수제맥주를 맛보는 것을 의미)도 가능하다. 위키드위드 펍은 맥주 맛 자체에서도 신맛이 나고(sour) '펑키'한 느낌을 주는 것으로 유명하다. 그래서 4개 매장 중 펑키한 분위기의 펍에는 '펑카토리움Funkatorium'이라는 이름을 붙였다. 수박과 용과dragon fruit로 맛을 낸 '워터멜론 드래곤프루트 버스트

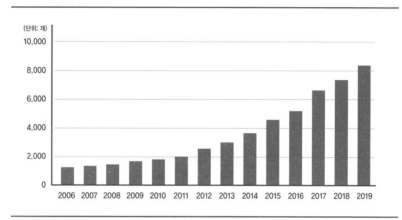

■ 미국 브루어리 증가율 ■

(단위: 개)

출처 _ 미국 수제맥주협회(2019년)

watermelon dragon fruit burst' 같은 시즌 한정 맥주 등 다른 곳에서 접하기 힘든 스타일의 맥주 맛을 자랑한다. 바텐더들도 자유분방한 스타일이고, 한쪽에서는 각종 맥주와 굿즈, 액세서리 등을 판매한다. 사우어 선데이 투어Sour Sunday Tour나 3시간 동안 맥주를 만들어보는 과정도 곁들인 메이커스 투어Maker's Tour 등을 운영하기도 한다. [16] 수제맥주 자체를 지역의 특색으로 마케팅하고 관광객을 유치하는 것이다.

　한국의 수제맥주 시장도 커지고 있다. 2014년 주세법이 개정된 이후 2016~2018년간 연평균 40%씩 성장하고 있으며 2018년에는 633억 원의 매출을 기록했다. [17] 이는 맥주 시장 전체 규모인 5조 원의 1%를 넘긴 수치다. 수제맥주 인기에 한몫을 한 신세계푸드의 수제맥주 펍 데블스도어Devil's Door와 데블스다이너Devel's Diner를 비롯해 진주햄도 직영 수제맥주 브랜드 카브루KABREW를 론칭하고 서울에 직영 매장을 열어 투어 프로그램도 진행했다. 브루펍brewpub(브루어리(brewery)와 펍(pub)의 합성어로 매장에서 맥주를 직접 만들어 파는 맥주집)을 브랜드 철학이나 문화 등을 반영하는 공간으로 꾸미려는 시도다. 성수동에 위치한 유명 브루펍 어메이징브루잉컴퍼니Amazing Brewing Company 역시 온라인 기반 여행 서비스 업체 마이리얼트립My real trip과 함께 이천 공장을 방문해 실제 맥주가 만들어지는 공정과 맥주 취향을 알아보는 투어 코스를 개발하기도 했고, 배달 전문점으로까지 확장하고 있다.[18] 그 외에도 한옥 기와집에서 수제맥주를 판매하는 삼청동의 기와탭룸에서는 모서리가 닳은 좌석 테이블에서 중동식 요리인 후무스hummus(병아리콩을 으깨어 만든 음식)도 맛볼 수 있고, 경리단길 맥파이Magpie에서는 미국식 피맥(피자와 맥주)을 선

위키드위드에서 진행하는 사우어 선데이 투어. 맞춤형 트롤리(왼쪽)를 타고 양조장을 방문해 맥주 제조 과정을 직접 살펴볼 수 있다(오른쪽).

'한옥에서 먹는 수제맥주'라는 독특한 감성을 제공하는 삼청동 기와탭룸.

보여 눈길을 끌었다. 특히 남행열차, 땡비, 세인트 등 맥주에 독특한 이름을 붙여 맥주를 고르는 재미도 더한다.

소비자가 맥주 한 잔에 7000원에서 1만 5000원을 기꺼이 지불하며 온라인이 아닌 오프라인 매장을 방문하는 것은 결국 각각의 브랜드마다, 매장마다 독특한 희귀성이 있는 크래프트 감성을 경험하기 위해서다. 대형마트의 기성 맥주 또는 수입 맥주 4캔에 만 원의 가성비로는 충족될 수 없는 경험, 그 아날로그적 매력이 사람들을 지역 여기저기에 숨어 있는 수제맥주 전문점을 찾아가게끔 만드는 동기로 작용하는 것이다.

아날로그 감성의 오프라인 매장이 성공하려면

언택트와 디지털이 우리 삶을 지배할수록 오프라인 공간에서 강조할 수 있는 차별점은 사람과 사람이 만나 교감을 통해 비대면 랜선에서 느끼는 상실감을 해소할 수 있다는 것이다. 모바일 커머스mobile commerce에서도 판매자나 다른 소비자들과 실시간 소통이 가능하지만 소소한 대화와 북적이는 분위기에서 느끼는 연결감, 덤으로 하나 더 얹어주는 경험 등은 오프라인 매장에서만 가능하다. 유연성과 따뜻한 감성은 오프라인 매장의 독특한 영역이고, AR, VR, AI가 아무리 발달해도 오프라인 매장에서 느끼는 경험을 100% 대신할 수는 없다. 온라인 리테일러가 오프라인으로 옮겨가는 O2O Online-to-Offline의 근본적인 이유도 소비자들을 온전히 이해하기 위해서는 오프라인에서의 이해가 필요하기 때문이다.

앞서 말했듯 LP판의 부활은 디지털이 지배할수록 수면 위로 드러나는 인간 본성을 보여주고, Z세대가 LP판의 부활을 견인한 소비자라는 점은 오히려 젊은 소비자들이 아날로그 감성을 선호할 수 있다는 가능성을 보여준다. 이들이 LP판 같은 아날로그 감성이 담긴 상품을 선택하는 것은 직접 경험해보지 않아 호기심이 발동한 측면도 있겠지만 '획일화'되지 않은 독창성이 담긴 상품과 서비스를 원한다는 것을 시사하는 측면도 있다. 추억의 간식 달고나를 라떼 위에 듬뿍 얹은 달고나 커피 등의 특별한 디저트나 익선동 한옥거리 같은 장소가 최근 젊은 소비자들 사이에서 힙한 것으로 인기를 끄는 것도 같은 맥락이다. 을지로 골목 안 '커피 한약방'에서는 손으로 직접 볶은 원두로 내린 필터 커피를 한약 사발에 담아내는 디테일을 보여주는 한편, 커피 그라인더 돌리는 소리와 자개장으로 만든 매대, 괘종시계와 한약 재료를 담는 서랍장 등으로 앤티크antique 감성을 전달한다.

이런 감성이 30~40대뿐 아니라 의외로 20대에게도 인기가 많다는 점은 코로나19 이후 디지털과 언택트가 강조되는 시대에도 오프라인 매장에 아날로그 감성을 적용하는 전략이 차별화 측면에서도, 젊은 소비자들에게 어필하는 데에도 중요할 것임을 말해준다. 이 챕터에서 강조한 아날로그는, 아날로그와 디지털을 흑과 백으로 보는 이분법적 접근이 아니라, 아날로그 요소와 디지털의 궁극적인 목적이 다르다는 전제 하에 논의한 것이다. 어떤 전략이든 어느 정도의 유연한 사고는 필수적이라는 점을 잊지 말아야 한다. 또한 과거의 향수나 전통만을 고집할 것이 아니라 아날로그 감성을 현대적 감각에 맞게 재구성해 차별화된 경험을 제공해야 한다.

아날로그 감성에 기반한 오프라인 매장이 성공하기 위해서는 첫째, 소비자가 기대하는 손맛과 북적거림을 제대로 느낄 수 있는 공간 경험을 만들어야 한다. 재래 시장처럼 매장을 꾸미고 상품을 쌓아놓는다고 아날로그 감성이 묻어나는 게 아니다. 앞으로의 소비자들은 해당 카테고리의 본질에 집중된 공간과 상품을 더욱 원하게 될 것이다. 즉 아날로그 감성을 전달함에 있어 특히 그 본질에 집중해야 한다. 이탈리는 이탈리아의 식문화를 소위 '찐' 감성으로 전달하는 데 있어, 이탈리아가 추구하는 고유의 맛과 북적북적한 정서를 재현하기 위해 그로서란트를 매우 적절히 이용했다. 또한 매장 안에서 사용하는 글꼴과 조명 등 세심한 요소까지 신경 썼다. 이탈리의 슬로건인 '먹고 쇼핑하고 배우다'를 통합하는 경험은 '파스타가 맛있는 집'과는 차원이 다른 독보적인 브랜드 포지셔닝brand positioning이다. 즉 해당 카테고리에서 제일 먼저 생각나는 매장으로 만들었기 때문에 집객효과가 뛰어난 것이다. 만약 어떤 리테일러가 이탈리아 식문화를 강조하면서 비용적 측면이나 다른 이유로 이탈리아 이외의 요소를 도입했다면 이는 오리지널리티에 반反하는 선택인 셈이다.

그런 면에서 한국의 판교 현대백화점에 입점해 있는 이탈리를 방문했을 때 미국의 이탈리와 비슷하면서도 실제 경험에서의 차이가 느껴졌다. 현대백화점에 입점된 이탈리는 본래의 아날로그 감성을 살렸다기보다는 한국형 고급 매장에 가깝다. 이탈리의 감성은 불규칙적인 레이아웃과 북적북적함이 특징이다. 그런데 현대백화점에 들어온 이탈리는 훨씬 더 규격화된 매장에, 조용히 앉아서 먹는 이탤리언 레스토랑 겸 슈퍼마켓으로 단순화했다. 즉 이탈리 고유의 감성이 생기기 힘든 구조로, 일반 레스토랑 옆에서 이탈리아 음식 재료들을 파는 듯해 이탈리의 본질과는 약간 거리감이 느껴진다. 이탈리의 아날로그 감성은 브랜드의 진정성과 관련이 있는데 한국 지점의 경우 이탈리 본연의 분위기가 약하다는 아쉬움이 있다. 국내 기업들은 외국 브랜드를 한국에 도입할 때 얼마만큼의 브랜드 정체성을 그대로 담을 것이냐 하는 점을 현명하게 결정해야 할 것이다.

아날로그 감성의 오프라인 매장이 성공하려면 둘째, 고객맞춤 서비스를 잘 활용해야 한다. 홀푸드마켓은 로컬 브랜드의 이야기를 전할 때 대대적인 광고보다는 작지만 심플하고 감성을 터치할 수 있는 핵심 요소만 담는다. 로컬 브랜드 창업자의 사진과 간략한 설명을 동물 모양의 사이니지에 담아 해당 상품 옆에 꽂아놓는 식이다. 은연중에 '나와 가까운 이웃'이 만든 브랜드라는 느낌을 주는 것이다. 즉 로컬 브랜드 스토리텔링을 통해 소비자들의 감정적인 애착을 높이는 효과를 얻을 수 있다. 홀푸드의 베지터블 부처나 리뉴얼된 이마트 월계점의 육류와 수산물 오더메이드 서비스도 고려할 만하다. 또한 '덤'의 개념을 확장해 적용해보는 것도 효과적일 수 있다. 매장은 사람과 사람이 직접 만나 교감하는 공간이다. 물론 모바일 커머스에서도 실시간 소통이 가능하지만 소소한 대화나 흥정, 덤으로 하나 더 얹어주는 경험은 오프라인 매장에서 훨씬 더 구현이 잘 된다.

한편 직접적인 시식·시음 서비스를 확대하는 것도 하나의 방법이 될 수 있다. 미국과 한국의 수제맥주 전문점 사이에서 가장 다른 점이 맥주 시음 서비스였다. 수제맥주의 다양한 풍미는 호불호가 갈릴 수 있는데, 간단한 설명만으로는 맥주 맛을 정확히 알기 어렵다. 한 잔에 7~8달러가 넘는 수제맥주를 주문했는데 싫어하는 향미가 섞인 맥주가 나왔다면 그 경험이 실망스러울 것이다. 미국 펍에서는 소주잔보다 조금 큰 잔에 원하는 맥주를 맛보기로 제공하고 가장 마음에 드는 것을 주문하게끔 한다. 한국에서는 성수동 어메이징브루잉컴퍼니가 테이블당 4종류 시음 서비스를 제공하지만, 그 외의 매장에서는 시음 서비스를 거의 본 적이 없다. 고객 경험을 위한 시식·시음 서비스는 고객 만족도를 높일 수 있을 뿐만 아니라 그 과정에서 고객과 나누는 대화를 통해 피드백도 받을 수 있다. 또한 고객 경험을 중요시한다는 인상도 줄 수 있어 여러모로 효과적이다.

CHECK POINT

❶

아날로그 감성은 인간 본연의 욕구라는 점에서
디지털 시대에도 유효한 매장 전략이다.

❷

커스터마이제이션 서비스나 로컬 브랜드 스토리텔링을 통해
고객들은 매장에 친근감을 느낀다.

❸

디지털 네이티브인 Z세대는 오히려 아날로그의 경험에서
신선함과 독창성을 발견한다.

❹

단순히 재래시장처럼 꾸미는 디스플레이가 아닌
고객과의 관련성을 높인 섬세한 고객맞춤 서비스가 필요하다.

RE-PHYSITAL

피지컬 + 디지털 = 피지털

오프라인 공간에 온라인의 편의성을 결합하다

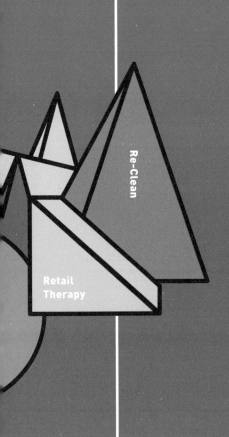

RE-PHYSITAL

　오프라인 매장 매대에 붙어 있는 상품 가격과 실제 계산할 때 가격이 달라서 당황한 적이 있는가? 캐셔가 직접 매대까지 가서 가격을 확인하고 올 동안 기다려야 했던 상황 말이다. 이런 상황이라면 당연히 마음이 불편하고 다른 고객들한테도 왠지 미안한 마음이 든다. 그런데 만일 매장에 실시간 가격 변동이 반영되는 전자라벨이 도입되어 있다면 이런 불편한 상황이 일어날 가능성은 희박하다. 전자라벨은 간단한 기술이지만 실시간 가격 변동과 재고 관리를 쉽게 해주는 리테일 테크Retail Tech(Retail+Technology) 중 하나다. 최근에는 인공지능, 머신러닝, 바이오테크, 로보틱스, 증강현실, 가상현실, 컴퓨터비전 등이 리테일 영역에 적용되어 소비 환경을 놀라운 속도로 변화시켰다. 마케팅 리서치 회사

주피터리서치Jupiter Research에 따르면 2022년까지 인공지능에 대한 리테일러의 투자가 73억 달러(약 8조 7000억 원)를 넘을 것이라고 한다.[1] 더구나 코로나19로 인해 리테일 기술이 기반이 되는 언택트로의 이동이 가속화되었다. 2020년 2월에 선보인 아마존 고 그로서리Amazon Go Grocery 나 한국의 이마트24 무인매장, 중국의 빙고박스Bingo Box 같은 무인매장들이 최첨단 기술을 이용해 오프라인 매장의 소비 양상을 바꾼 언택트 리테일 사례들이다.

그런데 간과하지 말아야 할 사실이 있다. 모든 리테일러가 무인매장을 구현할 수는 없으며 기술만으로 리테일러를 특화시키는 데는 한계가 있다는 것이다. 필자는 언택트 리테일 시대에 오프라인 매장의 경쟁력은 무인매장을 구현하는 데 있는 것이 아니라, 오프라인 매장의 경험에 온라인에서 가능한 편의성을 융합해 온라인의 편의성을 오프라인에서 제공하는 것이라고 생각한다. 서장에서도 밝힌 것처럼 리테일 테크를 이용해 온라인 같은 편리함을 오프라인 강점에 더해 보다 더 섬세하고 풍성한 경험을 구현하는 것이다. 학계에서는 이런 경험을 '피지털

리테일 테크가 적용된 무인매장. 아마존 고 그로서리(왼쪽)와 한국의 이마트24 무인매장(오른쪽).

Physital(Physical+Digital)’이라 부른다. ²

피지털과 옴니채널이 혼동될 수도 있겠다. 옴니채널은 오프라인, 온라인, 모바일 등의 멀티채널 경험이 유기적으로 연결되어 채널 간 이동시 끊김이 없는 소비 경험을 제공하는 것을 말한다. 옴니채널은 이제 온·오프라인에 상관없이 리테일러들에게 기본적인 전략이 되었다. 반면 피지털은 오프라인 매장을 중심으로 하되 온라인 경험 중에서도 편의성과 관련된 요소를 오프라인 경험에 융합하는 것이다. 즉 디지털을 이용해 오프라인 공간에서의 피지컬 커넥션을 확대한다는 의미다.

피지털 경험을 제공하는 방법은 다양하겠으나 최근 들어 다양한 기술들이 등장하면서 소비 과정의 특정 단계에 집중되는 경향이 있다. 그런 이유로 상품 정보 검색, 구입/체크아웃, 픽업/리턴, 배송 등으로 구분해서 살펴보려고 한다. 물론 각 영역을 넘나드는 멀티 피지털을 구현하는 성공적인 리테일러도 있을 것이다. 지금부터 살펴볼 소비의 프로세스 중 자신의 비즈니스적 강점을 어떻게 피지털 경험으로 구현할 수 있을지 고민하면서 읽으면 보다 더 도움이 될 것이다.

상품 검색: 스마트 디바이스가 추천하는 맞춤형 상품

온라인이 편한 이유 중 하나는 간단한 검색만으로 상품 정보를 쉽게 찾을 수 있기 때문이다. 그런데 엄청난 정보 양에 오히려 압도당하는 경우도 많고, 검색된 정보 중에서 자신한테 필요한 것을 찾는 것이 또 하나의 일이 되기도 한다. 그렇다면 오프라인 매장의 특성인 상품의 '실재감reality'에 온라인보다 적절하고 필요한 정보를 제공할 수 있다면 고객의 입장에서 더 만족할 만한 경험이지 않을까? 예를 들어 매장에 전시된 상품에 부착된 QR코드를 스캔하면 오프라인 매장에서도 바로 관련 상품 정보를 찾을 수 있다거나 증강현실과 가상현실을 이용해 상품 정보를 찾아보는 경험이 점차 일반화될 것이다.

2019년 10월 맨해튼에 오픈한 노드스트롬 백화점[3]은 다양한 기술을 적용해 소비자들이 자신에게 적합한 상품을 보다 쉽고 정확하게 찾도록 도와준다. 예를 들면 '향수 파인더Fragrance Finder'의 경우, 매장 내 키오스크에서 몇 가지 퀴즈를 풀면 본인에게 가장 어울릴 만한 향수를 추천받을 수 있다. 게다가 시향을 할 수 있도록 향수도 뿌려준다. 그 자리에서 바로 좋아하는 향인지 알 수 있는 것이다. 이뿐만 아니라 '뷰티 스타일리스트 버추얼 미러Beauty Stylist Virtual Mirror'로 트렌디한 메이크업 룩을 가상으로 시도해볼 수 있고, '립 트라이-온Lip Try-On'의 증강현실을 이용해 다양한 립스틱 컬러도 테스트할 수 있다. 이렇게 상품을 사용했을 때의 모습을 미리 볼 수 있기에 자신에게 맞는 컬러나 스타일인지 쉽게 파악할 수 있다. 또한 피팅룸에서는 터치스크린으로 수선이 필요한 부분을 바로 잴 수 있다. 예를 들어 옷을 입어보니 소매가 좀 길 경우, 피팅룸의 터치스크린 버튼을 누르면 수선사가 피팅룸으로 와서 바로 수선량을 재는 방식이다. 이렇게 증강현실과 가상현실, 터치스크린 등을

통해 온라인의 편의성에 오프
라인의 실재성과 오프라인에
서 가능한 편의성까지 더해 상
품 정보를 효과적으로 찾을 수
있게 만들었다.

한국에서도 2020년 6월 롯
데백화점 청량리점이 비대면
뷰티 매장을 선보였다. 롯데백

트렌디한 메이크업 룩을 시도해볼 수 있는 노드스
트롬의 버추얼 미러.

화점과 아모레퍼시픽이 함께 개발한 매장으로, 개방형 구조의 뷰티 바
에서 설화수, 헤라, 프리메라 등 1400여 가지의 아모레퍼시픽 제품을
만나볼 수 있다. 고객들이 자유롭게 제품을 테스트할 수 있고, QR코드
를 통해 관련 설명을 볼 수 있다. 증강현실 메이크업 체험 서비스도 제
공한다. 매장 내 디바이스로 얼굴을 촬영하고 제품을 선택하면 자신의
얼굴에 메이크업이 적용된다. 또한 앱을 통한 1대 1 메이크업 코칭 서
비스, 매장 설명 및 상품을 안내받을 수 있는 '도슨트 서비스' 등으로 상
품 정보와 경험을 더 쉽게 얻을 수 있다.[4]

사실 패션 상품은 온라인에서 아무리 많은 정보를 주고 3D피팅 등을
실현한다고 해도 직접 착용해보는 것이 제일 정확하고 만족감이 높을
수밖에 없다. 그런 이유로 유명 패션 브랜드 레베카밍코프Rebecca Minkoff
는 2017년 론칭한 스마트 피팅룸으로 많은 주목을 받았다. 2019년과
2020년 두 번 직접 방문해보니 시스템 업그레이드 중이라 부분적으로

만 이용되고 있었다. 한편 2009년 창업한 친환경 패션 브랜드 리포메이션은 더 진화된 스마트한 쇼핑 프로세스로 상품 정보 습득과 옷 착용을 용이하게 만들었다. 리포메이션의 매장에서는 벽에 걸린 스크린에서 여러 상품들을 보다가 원하는 상품을 선택해 '나만의 피팅룸'을 신청할 수 있다. 이후 내 옷이 준비가 되면 스마트폰에 메시지가 전송된다. 피팅룸 안에는 내가 원하는 사이즈의 옷과 스마트폰 충전기가 마련되어 있다. 미국에는 LA, 샌프란시스코, 시카고 등 14개 매장이 있고, 캐나다와 영국에도 진출했다. 《뉴욕타임스》에 따르면 2019년 매출이 1억 5000만 달러(1800억 원)에 이른다.

이외에도 월마트가 운영하는 창고형 클럽 샘스클럽의 하이테크 매장 '샘스클럽 나우Sam's Club Now'에서도 매장 내 상품의 위치를 모바일 화면 맵을 통해 알려주고, QR코드를 스캔하면 상품 정보를 증강현실로 구현해 보여준다. 온라인 상의 상품 정보에 더해 실제로 상품도 확인해볼 수 있어 온라인에서 검색만 한 경우보다 상품 정보를 효율적으로 접할 수 있다. 호주에

리포메이션의 '나만의 피팅룸' 서비스.

서 시작한 홈퍼니싱 브랜드 앵코Anko는 2019년 11월에서 12월까지 시애틀에서 디지털 팝업 스토어를 운영했다. 홈데코, 다이닝, 테이블 탑 등 다양한 상품을 파는 이 매장에서는 스마트폰으로 상품 옆 '캥거루 코드'를 스캔하면 상품 정보를 제공한다. 원하는 아이템은 바로 디지털 카트로 옮겨지는데 상품은 근처 매장에서 픽업하거나 집으로 배달도 가능하다.[5]

구매: 셀프 체크아웃과 무인매장으로의 진화

상품 구매나 비용 지불과 관련된 기술은 셀프 체크아웃부터 무인매장까지 최근 2~3년간 급속히 진화했다. 셀프 체크아웃이 한국에 도입된 것은 최근이지만 미국에는 오래 전에 도입되었다. 2000년대 초 처음 미국에 갔을 때 셀프 체크아웃이나 셀프 주유소를 보고 놀랐던 기억이 있다. 셀프 시스템은 특히 인건비가 비싼 미국에서 매장 인력을 줄일 수 있어 운영비용 절감에 도움이 되고, 매장에서 줄을 서는 시간이 줄어 소비 경험이 향상된다는 장점도 있다.

체크아웃과 관련해 가장 진화한 모습이 무인매장이다. 무인매장은 계산대, 직원, 기다림이 없는 매장으로 온라인 쇼핑보다도 더 편한 체크아웃 프로세스를 제공한다. 미국에서 무인매장 시장은 약 500억 달러(약 60조 원)로 커질 것으로 예측된다.[6] 한국에도 잘 알려져 있는 아마존

고는 현재 미국 대도시 중심으로 26개가 운영되고 있고, 2020년 2월에는 첫 무인 슈퍼마켓인 아마존 고 그로서리가 문을 열었다. 무인매장은 인공지능, 머신러닝, 컴퓨터비전 등의 첨단 기술이 적용된 것으로, 그냥 들어가서 물건을 집어 들고 나오면 알아서 연동된 계좌에서 결제가 된다. 전작 《리테일의 미래》를 집필하던 시점에는 2021년까지 3000여 개의 매장을 오픈할 계획이라고 알려졌었다. 하지만 아마존 고는 기존 계획보다 천천히, 그랩앤고 콘셉트로 도심 지역과 공항 중심으로 확대되고 있고, 대신 2020년에 선보인 아마존 고 그로서리로 소비자들의 생활에 밀착된 매장을 오픈하는 방향으로 진행되고 있다.

2020년 7월에는 아마존이 스마트카트인 아마존 대시카트Amazon Dash Cart를 론칭했다.[7] 2020년 연말부터 캘리포니아 주 아마존의 슈퍼마켓인 더 프레시 스토어The Fresh Store에서 이용될 대시카드는 컴퓨터비전 알고리즘과 센서 퓨전을 탑재해 카트에 담기는 상품을 파악한다. 쇼핑을 마치고 대시카트 라인으로 통과하면 센서가 카트를 인식해 아마존

자동 결제 기능이 탑재된 아마존 대시카트.

계정에 연동된 신용카드로 결제가 이루어진다. 또한 카트에 장착된 스크린에서 알렉사(아마존의 인공지능 비서) 쇼핑 리스트를 볼 수 있고, 지금까지 담긴 상품들의 합계 금액도 확인할 수 있다. 쿠폰 스캐너 기능도 탑재되어 있다. 아마존 이전에 캐나다의 식품 체인점 소비즈SoBeys도 케이퍼Caper[8]라는 스마트카트를 2019년부터 시범 운영하고 있고, 이마트도 자율주행 스마트카트 일라이Elie를 운영하는 등 리테일러들은 스마트카트를 도입해 매장 쇼핑 경험을 향상시키려 노력 중이다. 특히 아마존의 스마트카트는 기존 카트보다 소형이고, 스마트카트 체크아웃 라인을 따로 만들어 몇 가지 아이템만 빨리 사가려는 소비자들을 성공적으로 공략할 것으로 보인다.

한국의 CU도 셀프 체크아웃을 도입한 CU바이셀프 포맷을 통해 편의점 쇼핑 경험을 향상시켰다. 2020년 2월 100호점을 오픈한 CU바이셀프는 주간에는 직원이 매장을 관리하고, 야간에는 무인으로 운영되는 유·무인 복합 운영 모델이다. 바이셀프 같은 유·무인 비즈니스 모델에 적합한 입지는 상권 고객의 특성, 사고 발생의 가능성, 24시간 편의점의 수요 등을 감안할 때 직원 고용이 어려운 지역의 학교, 오피스, 공장 등이다.[9] 앱 또는 신용카드로 출입하고, 스캔앤고Scan & Go 또는 셀프 계산대를 활용하며, 주간과 야간에 담배와 주류 같은 상품 진열을 바꾼다. CU에 따르면 무인 운영 시간대 객단가는 주간 대비 80% 수준으로, 이는 인건비가 없어 순수 추가 매출이다.[10]

아마존 고나 CU바이셀프 같은 포맷은 자금력이 충분한 리테일러들이나 고려할 만한 피지털 경험이었다. 그러나 자금이 충분치 않은 리테일러들도 무인매장을 도입할 수 있는 가능성이 열렸다. 무인매장 기술들이 점차 '플랫폼화' 되어가고 있기 때문이다. 아마존은 2020년 3월 무인매장 기술을 원하는 리테일러들에게 솔루션을 제공하겠다고 발표했다. [11] 아마존 고처럼 'Just Walk Out Technology by Amazon'이라는 사인을 붙여야 하고, 앱 대신 신용카드로 인증하고 매장에 들어갈 수 있는 시스템이다. 무인매장 솔루션 전문업체 지핑Zipping이나 스탠더드 코그니션Standard Cognition, 아이피AiFi 등 무인매장 기술을 개발해 플랫폼화를 추진하는 업체들 역시 자체 소형 편의점을 론칭하는 등 무인매장 기술의 플랫폼화에 가속도가 붙었다. 이들의 가치는 엄청난 투자가 필요한 무인매장 기술을 플랫폼화해서, 자금 여력이 상대적으로 부족한 소형 리테일러들도 무인매장 기술을 도입할 수 있게끔 한 것이다.

형편상 플랫폼 기술을 이용하기 어렵거나 새로운 상품을 오프라인에서 테스트해보고 싶은 경우에는 작은 공간에 사물인터넷 자판기를 도입하는 것도 한 방법이다. 2020 NRF 빅쇼에서 인상적이었던 업체 중 하나가 스위프트Swyft였다. 스위프트는 사물인터넷 기반 자동판매기의 대표적인 솔루션 업체다. 전자제품의 베스트바이, 화장품의 베네피트benefit, 심지어 유니클로Uniqlo 같은 브랜드 상품들을 매장이 아닌 공항에서 자판기 형태로 만날 수 있도록 했다. 겉으로 보기엔 자판기지만, 소비자와 인터랙티브하게 연결되어 온라인 같은 인터페이스로 상품을 구입할 수 있다. 특히 리테일러들에게는 큰 공간 없이도 소비자와

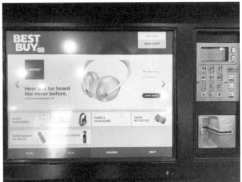

스위프트의 사물인터넷 기반 자동판매기.

의 접점을 늘릴 수 있고 소비자 데이터가 디지털화되어 소비자에 대한 이해를 높일 수 있다는 이점이 있다.

이와 비슷한 예로 농협이 2018년 4월에 론칭한 사물인터넷 고기 자판기가 있다. 한우와 한돈을 자판기에서 판매하는 일명 '셀프 정육점' 콘셉트로 운영된다. 육류는 비대면이 어려운 카테고리다. 과일과 같은 신선식품처럼 육류 역시 선도가 중요하기 때문이다. 그럼에도 사물인터넷 자판기 형태로 오프라인 매장에서 상품 판매를 하는 것은 소비 트렌드의 변화에 대한 적절한 대응이며, 체크아웃 프로세스를 디지털화하여 편의성을 높인 사례들이다. 앞으로도 더 다양한 카테고리에서 일반화 가능성이 충분하다.

픽업, 교환 및 환불: 보피스 방식을 통한 매장의 재발견

온라인 경험을 오프라인에 융합하여 경쟁력을 높일 수 있는 영역이 '보피스BOPIS(Buy online pick up in store)' 같은 상품 픽업, 교환 및 반품이다. 데이터 분석 솔루션 어도비 애널리틱스Adobe Analytics 자료에 따르면 보피스는 매년 약 40%씩 성장하는 추세다. 온라인에서 주문한 상품을 집 근처 오프라인 매장에서 퇴근길에 픽업할 수 있어 며칠씩 기다리지 않아도 편리하게 상품을 받을 수 있다는 장점 덕분이다. 대부분의 오프라인 매장들은 매장 한 코너에 작은 픽업 장소를 배치하는 반면, 월마트는 아예 대대적으로 보피스를 매장의 매력 포인트로 삼았다. 월마트 픽업타워Pickup Towers는 4.87미터 높이의 거대한 오렌지색 자동판매기 같은 모양새다. 월마트는 2018년부터 픽업타워를 대대적으로 확장해 2020년 기준 미국 전역에 3100개의 픽업 로케이션, 1400여 개 매장에 픽업타워를 설치했으며 1400여 개 매장에서 당일 배송 서비스를 제공한다.[12] 심지어 2020년 슈퍼볼 광고에 월마트는 이례적으로 픽업타워를 선보였다. 〈레고 무비〉, 〈토이스토리〉, 〈스타워즈〉 등 유명 영화 속 캐릭터들을 소환해 지구에서는 물론 지구 밖에서도 월마트 상품을 픽업할 수 있다는 점을 재미있게 보여준 광고였다. 그리고 이 픽업 서비스의 편리함을 "현 세상 이상의 편의성Out-of-this-world convenience"이라고 불렀다.

샌프란시스코에 위치한 데카트론Decathlon의 경우 매장 픽업 서비스

2020년 월마트 픽업타워 슈퍼볼 광고.

는 물론 온라인 쇼핑 키오스크를 매장 전면에 배치했다. 데카트론은 프랑스의 스포츠 용품 리테일러로, 51개국에 1500여 개의 매장을 운영하는데, 샌프란시스코에 미국 첫 매장을 열었을 때 많은 주목을 받았다. 이 매장에 방문해보니 입구에 우편함처럼 생긴 투명한 컨테이너가 놓여 있었다. 온라인 주문 물품을 픽업하게끔 한 것이다. 그리고 이왕 방문한 김에 온라인 쇼핑 키오스크를 통해 소비자들이 편리하게 상품 정보와 상품 데모를 볼 수 있을 뿐 아니라 매장에서 확인하고 바로 온라인으로 주문할 수 있도록 했다.

이제 오프라인 매장에서 연중무휴 픽업과 그 이상의 서비스를 고려해야 할 시점이다. 남성 전용 백화점 노드스트롬 맨즈와 노드스트롬 맨해튼 지점에서는 이미 온라인 주문 픽업이 24시간 가능한 서비스를 제공하고 있다. 매장 내에 마련된 '익스프레스 서비스'에서는 온라인으로 주문한 물품을 픽업할 수 있고 또한 매장에서 입어본 옷을 집으로 배송

요청할 수도 있다.

　노드스트롬 로컬Nordstrom Local에서는 온라인 주문 물품 픽업과 반품 뿐 아니라 수선, 개인 스타일링, 상담 등을 제공한다. 2017년 10월 LA에서 첫선을 보인 이 콘셉트 매장은 판매가 아닌 지역 커뮤니티와의 접촉을 위한 매장이기 때문이다. 현재 LA에 3개, 뉴욕에 2개를 운영하고 있는데 지점에 따라서 네일 뷰티 서비스, 인스토어 바, 유모차 클리닝이나 의류 도네이션 등의 서비스도 운영하고 있다. '서비스'에 방점을 찍는 노드스트롬의 비즈니스 가치 명제를 여실히 반영한 서비스들이다. 노드스트롬에 따르면 소비자들이 일반 백화점에서보다 노드스트롬 로컬에서 보내는 시간이 2.5배 이상 길다고 한다.[13] 노드스트롬 로컬 맨해튼점을 직접 방문해보니 규모가 생각보다 작긴 했지만 본래의 고급 백화점 분위기보다 훨씬 더 캐주얼한 분위기에, 마치 부티크에서 서비스를 받는 듯한 느낌이 들었다. 서비스 카운터에는 방문 반려견에게 줄

데카트론의 온라인 픽업 시스템.

온라인 주문 물품 픽업과 QR코드로 반품이 가능한 노드스트롬 매장.

간식도 마련되어 있다. 반려견과 함께 산책 겸 마실 나와서 온라인에서 주문한 제품을 픽업할 수 있는 편안한 매장이다.

한국의 대형 유통업체들도 적극적으로 보피스를 도입하고 있는데, 신세계 SSG닷컴은 2015년부터 매직 픽업 서비스를 시행하고 있다. 이마트도 드라이브 스루 픽업 서비스를 론칭해 왕십리점의 경우 1층 하역장에서 드라이브 스루로 온라인에서 구입한 상품들을 픽업할 수 있다.

한편, 일상생활에서 가장 많이 이용하는 픽업 서비스가 무엇인지 물어본다면 스타벅스를 떠올리는 사람이 많을 것이다. 만약 당신이 매장에서 스타벅스 앱으로 결제를 하거나 앱을 통해 주문하는 사이렌 오더를 이용해본 적이 있다면 왜 앱을 이용했는지 잠깐 생각해보자. 사실 2019년까지만 해도 미국에서 가장 많이 이용되는 앱 1위가 스타벅스 앱이었다. 모바일 앱을 이용하기 위해서는 당연히 앱에 등록을 해야 하는데, 이 앱/리워드 프로그램에 등록한 미국 소비자 수가 2000만 명에 달한다.[14] 미국과 한국 모두 매장 내 결제는 물론, 스타벅스 방문 5분 전에 미리 원하는 음료를 주문해놓고 바로 픽업할 수 있다. 더구나 자동 충전 기능을 이용하면 저절로 충전이 되고, 주문한 음료 기록들이 저장되어 있기 때문에 언제든지 스마트폰으로 주문하고 픽업이 가능하다. 한국에서 사이렌 오더는 현재 약 1380개 매장에 도입돼 있고, 850개 매장은 현금을 받지 않는 매장으로 운영될 정도다.[15]

스타벅스의 커피 맛이나 일하기 편한 분위기를 좋아해서 매장을 애용하는 소비자들도 있겠지만, 모바일 앱과 사이렌 오더 같은 서비스 때

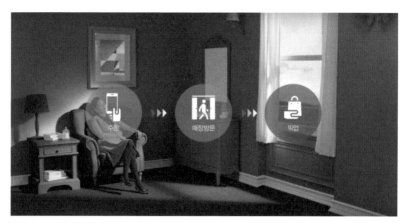

신세계 SSG닷컴의 매직 픽업 서비스.

문에 다른 커피숍으로 바꾸기를 주저하는 고객들도 많을 것이다. 편리한 기술 서비스로 소비자들의 심리적 전환 비용switching cost을 높여 해당 브랜드에 남아 있게 하는 것, 즉 브랜드 로열티를 높이는 것이 스타벅스의 전략이다. 기술이 특별하다기보다 다른 업체들은 시도하지 않았던 서비스를 통해 소비자들이 계속 매장에 방문하도록 유도하는 것이다. 매장에서 일어나는 거래 중 40% 이상이 로열티 프로그램 기반 모바일 앱으로 이뤄지는데, 이렇게 모바일 앱을 통해 축적되는 데이터는 당연히 소비자를 이해하는 데 도움이 된다.

상품 픽업으로 1인 가구 고객들을 유입시킬 수도 있다. 좋은 예가 GS 리테일의 '나만의 냉장고'다. 예를 들어 GS 모바일 앱에서 1+1 행사가 진행되는 도시락을 구입할 경우, 만약 도시락이 한 개만 필요하다면 그 주문을 모바일 앱에 있는 나만의 냉장고에 담고 매장에서는 필요한 하나만 픽업한다. 그리고 나중에 도시락이 필요할 때 들러서 '맡겨둔' 도시락을 픽업하는 것이다. 이러한 전략은 결국 고객이 매장에 한 번이라도 더 방문하게 만드는 장점이 있다.

또한 오프라인 업체들은 온라인 주문에서 고객들의 주된 불만사항이었던 상품 교환 및 반품 과정을 간편하게 해 소비자들을 매장으로 유입시키고 매장 내 쇼핑으로도 연결시킬 수 있다. 생각해보자. 온라인으로 주문한 상품이 마음에 들지 않거나 기대와 다를 때 가장 귀찮은 점이 무엇일까? 아마 교환과 반품 과정일 것이다. 상품 반송비가 드는 건 당연하고, 무료 반품이라도 상품을 다시 포장해 택배 기사를 기다렸다가 상품을 전달해야 하는 귀찮은 과정들을 거쳐야 한다. 아마존은 글로벌 물류회사인 UPS와 협력해 상품을 포장하지 않고 그냥 들고 가도 UPS가 포장해서 상품을 아마존에 배송해주는 서비스를 제공한다. 소비자로서는 너무 편리하다. 이런 아마존과 경쟁하기 위해 노드스트롬 맨즈와 노드스트롬 맨해튼 지점에서는 상품 반품을 QR코드 스캔만으로 가능하게 자동화해, 매장 내 컨테이너에 상품만 넣으면 반품 과정이 완료되도록 했다. QR코드를 이용해 반품하려면 우선 키오스크에 부착된 QR코드를 스캔하여 사인을 하고 반품할 아이템을 선택한 뒤, 키오스크에 마련되어 있는 백에 상품을 넣어 반품 수거 상자에 넣으면 된다.

배송: 매장을 풀필먼트 센터로

코로나19로 인한 변화 중 하나가 '5060 엄지족'의 급격한 증가다.[16] 이전에는 모바일 주문을 할 필요성과 편의성을 체감하지 못했던 50~60대 소비자층이 코로나19라는 환경적인 요인으로 말미암아 모바일 쇼핑으로 대거 옮겨갔다. 쿠팡과 마켓컬리의 새벽배송, 당일배송 같은 편의성 덕분일 것이다. 이는 라스트마일 last mile(고객에게 상품이 전해지는 마지막 단계)을 공략한 편의성이다.

오프라인 매장은 온라인으로 주문하기엔 위생과 안전이 우려되는 식품, 핏이 중요한 패션 같은 상품을 직접 확인할 수 있고, '계산과 동시에 상품을 받을 수 있다는 instant gratification' 장점이 있다. 그렇지만 식품 쇼핑 같은 경우 집으로 쇼핑한 물품들을 가져오는 것이 하나의 일이다. 오프라인의 라스트마일 경험을 향상시키는 것은 배송과 관련이 있다. 이런 점에 착안한 것이 바로 매장에서도 주문이 가능하게 하고, 매장을 배송 거점으로 삼아 상품을 배달하는 '매장의 풀필먼트화'다. 물론 동네마다 일정 금액 이상이면 집까지 배달해주는 슈퍼마켓들도 많지만 이는 단순한 상품의 배달일 뿐이다. 매장의 풀필먼트화는 온라인 주문을 처리하는 온라인 물류센터의 역할까지 만족시키는 것으로 O2O 개념이다. 입고부터 배송까지 전담해주는 시스템이 필요하고, 그 시스템을 통해 배송 시간을 줄여 소비자의 '라스트마일' 경험을 향상시키는 것이다. 시스템을 통해 축적되는 데이터는 매장 근처 소비자들의 행동데이터로 구축된다.

미국 전역에 5500여 개 매장을 가지고 있는 월마트도 2020년 2월 매장의 풀필먼트화를 강조했다. 2019년 매출에서 온라인은 37%를 차지했는데, 앞으로 온라인이 더 성장할 것을 기대하면서 보다 더 원활하고 빠른 배송을 위해 매장의 역할을 '온라인 쇼핑을 위한 풀필먼트화'로 규정했다.[17] 또한 아마존이 2017년 홀푸드마켓을 인수한 목적 중 하나도 바로 매장의 풀필먼트화였다. 아마존은 주문 물품 픽업부터 배송까지 전 과정을 프로세스화한 풀필먼트 바이 아마존 FBA(Fulfillment by Amazon)이라는 자체 물류 시스템을 운영하고 있지만, 미국 전역 2일 배송, 도심 지역 2시간 배송 등을 진행하기에는 한계가 있었다. 그래서 오프라인 매장을 배송 거점으로 삼아 매장에서 바로 소비자에게 상품을 배송하는 방식을 고안해낸 것이다.

우리나라에서는 홈플러스와 롯데마트가 매장의 풀필먼트화를 적극적으로 추진해왔다. 홈플러스는 온·오프라인 경계를 허문 올라인 all line 화를 가속화한다. 롯데마트도 2020년 2월 풀필먼트 스토어를 개장해 주문 1시간 내 배송 서비스를 론칭했다.[18] 이 서비스는 매장 내 5킬로미터 반경의 핵심 상권을 집중적으로 공략한다. 온라인 주문 고객은 배송 시간을 예약할 수도 있고, 오프라인 매장 방문 고객은 QR코드로 쇼핑을 할 수 있다. 매장 픽업 주문을 위해서 상품운반 기능을 수행하는 자율주행 상품운반 로봇도 도입할 예정이다.

전통시장도 모바일을 이용해 라스트마일 경험을 향상시키고 있다.

2020년 6월 서울 동작구 성대전통 시장은 네이버 쇼핑으로 주문하는 경우 2시간 이내에 배달해주는 서비스를 시작했다. 7월부터는 금천구 남문시장이 네이버 동네시장 장보기 서비스를 제공한다. 영동 전통시장은 배달 앱 '띵동'으로 상품을 주문하면 당일 배송해준다. [19]

네이버 동네시장 장보기 어플.

이처럼 모바일 기술을 도입하고 2시간 배송 같은 서비스를 제공한다면 소비자들은 주거 지역과 가까운 동네시장에서도 쇼핑하려 할 것이다.

온라인 풀필먼트 센터로 매장의 역할을 재정의함으로써 소비자들은 직접 상품을 확인할 수 있어 안심하고 주문할 수 있고, 매장에서 줄 서서 계산하고 무거운 짐을 들고 가는 수고를 덜 수 있어 만족스럽다. 사실 매장의 풀필먼트화는 소비자들이 눈으로 확인할 수 없는 리테일 비즈니스의 백앤드back-end 영역이지만 이제는 물류 흐름의 스피드와 유연성이 오프라인의 경쟁력을 가늠할 수 있는 요소가 되었다. 더구나 코로나19 사태로 인해 리테일러의 희비가 엇갈릴 정도로 물류가 리테일러 경쟁력의 핵심 요소로 급부상했다. 이렇게 매장의 풀필먼트화는 매장에 새로운 역할을 부여하고 소비 경험의 라스트마일 경험을 향상시키는 것, 소비자들이 매장에서 쇼핑하고 빈손으로 집에 가도 되는 것, 그런 편의성을 제공하는 접근이다.

피지털 전략을 효과적으로 활용하려면

코슬라 벤처스Khosla Ventures 창업자이자 실리콘밸리 벤처캐피털계 마이더스의 손으로 불리는 비노드 코슬라Vinod Khosla는 로봇용 인공지능이나 3D프린팅 기술 등의 '딥 테크deep technology(최첨단 기술)' 혁신을 추구하는 기업에게 코로나19 이후 더 많은 기회가 올 것이라고 언급했다. 이번 2020 NRF 빅쇼에서 인상적이었던 서비스 중 하나에서 그 힌트를 목격했다. 후지쯔가 선보인 패션 쇼핑 서비스로, 패션 브랜드 매장 윈도우에 터치스크린이 탑재되어 있어, 밖에서 지나가던 소비자가 몇 번의 스크린 터치를 통해 원하는 상품을 선택하면 QR코드가 생성되

고, 그것을 스캔하면 자신의 스마트폰에서 선택한 아이템들을 매장에서 착용할 수 있도록 예약을 진행할 수 있다. 이 사항은 매장 직원의 기기로 실시간 업데이트되어 직원-소비자 간 소통도 원활한 시스템이었다. 피지털 경험의 미래를 보여주는 사례다.

피지털이 중요한 근본적인 이

피지털이 결합된 후지쯔의 패션 쇼핑 서비스.

유는 우리가 이미 콘택트보다 언택트를 선호하는 문화에 익숙해졌기 때문이다. 매장에서 혼자 상품을 구경하고 싶을 때는 아무리 친절한 직원이라도 다가오는 것이 부담스럽게 느껴지는 경우도 많고, 줄 서서 계산하는 과정 자체가 꺼려져 오프라인 매장을 멀리하게 되기도 한다. 내가 원할 때만 직원이나 챗봇과 이야기할 수 있고, 줄 설 필요 없이 자동 결제가 되는 매장이라면 소비자로서 방문을 꺼릴 이유가 사라질 것이다. 즉 타인이나 리테일러와의 접촉(콘택트)을 선택적으로 단절하고 싶어 하는 세대가 주류가 되었고, 코로나19로 인해 선택적 단절에 대한 요구는 더욱 심화될 것이다. 따라서 오프라인에서도 소비자와의 콘택트를 바라보는 시각을 재정비해야 한다. 콘택트가 많다고 좋은 것이 아니라, 오히려 불필요한 콘택트를 없애야 소비자들이 심리적으로 더 편안하게 느낄 수 있다는 사실을 간과하지 말아야 한다.

기술은 이미 오프라인에서의 쇼핑 메커니즘을 변화시켰다. 오프라인 매장에서 상품의 정보 습득, 테스트, 결제, 픽업과 배송 등 소비 프로세스가 진화했기 때문이다. 매장에 들어갈 때는 앱이나 안면 인식으로 본인 인증을 하고, 매장에서 QR코드와 3D 이미지로 정보를 습득한다. 상품을 직접 테스트할 때도 매장에서뿐 아니라, AR·VR 환경에서 상품을 확인하고, 결제를 위해 스마트카트에 상품을 담거나, 그냥 걸어 나오면 되는 결제 환경이 늘어나고 있다. 또한 온라인으로 주문 후 매장 밖에서 제품을 찾는 커브사이드 픽업curbside pickup과 24시간 반품 서비스들도 언택트 시대의 오프라인 환경의 변화를 보여준다. 그런데 기업마다 강점이 다르다. 따라서 언택트 시대에 오프라인 쇼핑 프로세스에서 어디에 더 특화할 것인지 기업들은 자신을 냉정히 돌아보고 어떤 측면에서 경쟁우위를 선점할 것인지 생각해봐야 한다.

예를 들어 오프라인 매장을 슬림화하는 한편 적은 수의 매장에서 고객 경험을 향상시키기 위해 인공지능을 적용하는 것이다. 스타벅스는 인공지능 기반 딥 브루Deep Brew 프로그램을 도입해 재고 관리, 상품 관리의 효율성을 획기적으로 높인 한편, 그로 인해 남는 시간은 소비자 서비스를 개선하고 소비자 중심의 경험을 더 제공하기 위한 노력에 배당했다. 즉 인공지능을 이용해 오프라인 공간에서의 경험을 향상시키고자 한 것이다. 고객과 조금 더 이야기를 나눌 수 있는 시간, 문제가 생겼을 때 소비자에게 더 집중할 수 있는 시간적·마음적 여유를 가질 수 있고, 이러한 이슈들은 데이터화하여 그런 문제가 다시 발생할 확률을 줄인다. 이렇게 고객의 관점에서 그들의 고충, 즉 페인 포인트pain point를 해결하는 데 기술을 이용했고, 오프라인 매장에서의 쇼핑 경험을 향상시킨 것이다.

성공적인 피지털 경험의 기반이 되는 것이 디지털 트랜스포메이션이다. 포스트 코로나 시대, 디지털 트랜스포메이션으로의 진화는 오프라인 중심 브랜드들의 피할 수 없는 숙명이다. 디지털 트랜스포메이션은 간단히 말해 디지털 기술을 이용해 비즈니스 프로세스, 문화, 소비 경험을 디지털 시대에 맞게 변환하는 프로세스라고 정의할 수 있다. 중요한 것은 디지털 트랜스포메이션에서 디지털에 방점을 찍는 것이 아니라 '트랜스포메이션'에 방점을 찍어야 한다는 사실이다. 기술이 급변하는 환경 속에서 리테일러들은 각자 기업의 상황과 강점, 맨파워를 고려해 전략을 구축하는 것이 제일 중요하다. 가장 최신 기술이라고 무턱대고 도입할 게 아니라, 비즈니스 목적과 부합하는 어떤 데이터를 축적해서 어떻게 목적을 달성할 것인가를 먼저 결정하고, 그에 적합한 기술을 선택해야 한다. 기술만 있고 경험은 없는 상황은 최악의 결과다. 결국은 기술을 이용해 오프라인 매장의 경험을 보다 더 정교하고 세심하게 디자인해 매장에 방문할 가치를 제공해야 한다는 말이다.

CHECK POINT

— ❶ —

피지털은 온라인의 편의성을 오프라인에 녹여낸
'경험의 융합'이 핵심이다.

— ❷ —

비대면 쇼핑에 대한 선호 증가에 따라 피지털 전략은
상품 정보 제공부터 반품까지 매장에서 경험하는
각각의 단계에 특화하여 적용할 수 있다.

— ❸ —

기술 기반 매장에서의 경험은
디지털, 모바일 관계까지 확장되어야 한다.

— ❹ —

피지털의 핵심은 고객의 불편한 지점을 이해하고,
이를 디지털 기술로 해결하는 것이다.

7장

Re-Green

Retail
Lab

Re-Physital

Re-Analog

Retailtainmen

Reinventing Space

RE-CLEAN

클린 쇼핑

위드 코로나 시대, 매장의 면역력을 높이다

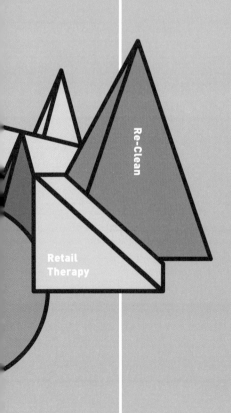

Re-Clean

Retail
Therapy

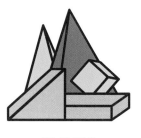

RE-CLEAN

코로나19의 전 세계 확산으로 인해 우리 일상생활에 굉장히 많은 변화가 생겼다. 2미터의 사회적 거리를 두어야 하고, 마스크를 항상 써야 하며, 학교와 카페, 레스토랑에서 1인용 칸막이를 마주하게 되었다. 오프라인 매장에서는 소독과 방역을 통한 안전이 중요한 이슈로 자리 잡았다. 코로나19는 우리가 가지고 있던 타인을 바라보는 시각도 변화시켰다. 백신이 나오지 않은 상황에서 '타인이 나에게' 바이러스를 전파할 수도 있다는 가능성 때문이다. 우버나 에어비앤비 같은 공유경제가 큰 타격을 받은 것도 바로 그 때문이다. 공유경제의 근본은 타인에 대한 신뢰인데 코로나19로 인해 그 신뢰에 타격을 입었고, 모르는 타인 대신 자신이 믿을 수 있는 지인, 그리고 개인 비즈니스보다는 체계적인 방역과 안전을 보장해줄 수 있는 기업들을 선호하게 된다.

시장조사 기관 이마케터에 따르면 미국 소비자들은 가기 꺼려지는 장소로 대중교통(49.3%), 해외여행지(47.4%), 쇼핑센터와 쇼핑몰(47.2%) 순으로 꼽았다. 그런데 코로나19가 다시 악화된 이후 기피 장소를 조사했을 때는 쇼핑센터와 쇼핑몰(74.6%)이 가장 가기 꺼려진다고 답했다.[1]

이 결과는 오프라인 매장들이 매장 쇼핑의 안전과 위생에 어떻게 선

■ 코로나19로 인해 소비자들이 기피하는 장소 ■

	코로나19 초기 기피 장소	코로나19 악화 시 기피 장소
대중교통	49.3%	73.1%
해외여행	47.4%	68.2%
쇼핑센터/쇼핑몰	47.2%	74.6%
영화관	41.9%	66.6%
의료센터/병원	38.9%	50.6%
지역 복지관/문화센터	35.5%	56.9%
식당/바/카페	35.3%	60.5%
일반 상점	32.7%	52.7%
스포츠 경기장	32.0%	58.8%
기타 엔터테인먼트/레저	21.6%	40.7%
학교/대학	21.1%	39.3%
직장	11.1%	17.0%
기타	2.4%	1.4%

출처 _ 이마케터, 코어사이트 리서치Coresight Research(2020년 3월)

제적으로 대응하느냐가 중요하다는 것을 시사한다.

코로나19 사태는 위생과 안전, 건강과 관련한 염려를 잘 이해하고 효과적으로 대응하는 업체와 그렇지 못한 업체에 대한 평가, 그리고 리테일러에 대한 로열티(충성도)에도 영향을 미쳤다. 예를 들어 이번에 아마존 물류센터, 쿠팡 물류센터, 마켓컬리 물류센터에서 확진자가 나왔을 때 이들의 대응은 모두 달랐다. 쿠팡의 경우, 대응이 미흡해 보였다. 쿠팡이 전자상거래에서 급부상할 수 있었던 이유는 무엇보다 검증된 쿠팡맨이 당일 배송을 한다는 점 때문이었다. 그러다 보니 이번 쿠팡의 대처에 많은 소비자들이, 특히 젊은 Z세대 고객이 큰 거부감을 느꼈다. 반면 마켓컬리 물류센터에서는 확진자가 나왔을 때 상대적으로 적극적이고 즉각적인 대응을 했고, 소비자들의 긍정적인 반응을 이끌었다.

코로나19의 대유행으로 인해 소비생활의 위생과 청결, 안전에 대한 고객의 눈높이가 급격히 높아졌고 이 기준은 코로나 이후에도 중요한 이슈로 지속될 것으로 보인다. 청결, 위생, 안전을 보장하는 '클린 쇼핑'이 뉴노멀 중 하나의 양상이 되었기 때문이다. 이는 앞으로 오프라인 매장들이 다양한 노력을 통해 '고객 안심 점포'를 기준으로 삼아야 한다는 시사점을 던진다. 위생과 안전의 문제는 사람들과 접촉이 있는 오프라인 매장에서 가시성이 높고 중요한 이슈이기 때문이다.

그렇다면 오프라인 매장들은 어떻게 대응해야 할까? 1) 코로나 자체를 콘셉트로 활용, 2) 스토어 포맷의 변화, 3) 매장 레이아웃의 측면에서 전략적으로 살펴보기로 하자.

코로나19를 콘셉트로 삼다

코로나19 위기 자체가 하나의 매장 콘셉트가 될 수 있을까? 실제로 2020년 6월 미국 플로리다 주 어드벤처몰Adventure mall에 'COVID-19 에센셜COVID-19 Essentials'이라는 매장이 등장했다.[2] 이 매장은 자동으로 체온을 감지하는 기계 앞에서 체온 검사를 해야만 입장이 가능하다. 이곳에서는 온도계, 손을 쓰지 않고 문을 열 수 있는 언택트 도어 오프너, 전화 소독제, 안면 가리개, 장갑, 손 소독제, 각종 패션 마스크, UV라이트 소독기, 슈커버 디스펜스(신발 커버를 하나씩 뽑아 쓸 수 있는 기구) 등을 취급한다. 이렇게 위생과 안전을 전체 스토어 콘셉트로 잡아 안전과 관련된 각종 생활용품들을 판매함으로써 소비자들의 발길을 끌고 있다.

한편 다양한 측면에서 매장이 안전하다는 것을 강조해야 한다는 점에서 매장 안전수칙의 프로토콜을 만드는 것도 중요하다. 미국의 경우 코로나19 사태가 발생했을 때 다양한 형태의 안전수칙이 시행되었다. 그런 모범적인 사례 중 하나가 코스트코Costco다. 매장 밖 2미터 간격으로 줄 서기, 매장 내 고객수 제한하기 등을 시행하고, 셀프 체크아웃에서 손을 통한 감염 가능성이 있는 키오스크 화면은 고객이 계산을 끝낼 때마다 소독을 실시하고, 노약자와 감염 위험이 높은 소비자 방문 시간대를 따로 마련하기도 했다. 유기농 전문 홀푸드마켓도 시식 및 화장품 테스트 서비스를 중단했고, 계산대에 손 세정제 배치, 점포와 시설물 추가 소독 등 청결, 위생 프로토콜을 강화했다.

계산대에 유리 또는 플라스틱 가벽을 세워 기침이나 재채기 등을 통한 비말 감염 가능성을 차단하는 것도 한 방법이다. 매장에 방문한 고객들뿐 아니라 직원들에게도 심리적 안정감을 제공할 뿐 아니라 실제로도 안전을 도모할 수 있다. 2020년 3월 월마트, 크로거 Kroger 등 대형마트가 계산대에 유리 또는 플라스틱 비말차단 가림막 설치 계획을 발표했다. 한국에선 코로나19가 확산되기 시작한 시점인 2월 말부터 이마트가 고객 한 명씩 입구에서 발열 검사를 실시하는 등 발 빠른 움직임을 보여주었다. 5월에는 국내 대형마트 최초로 비말 감염 가능성을 차단해 고객을 보호하기 위한 가림막을 계산대에 설치했다. 이마트는 가로 80센티미터, 세로 85센티미터의 아크릴 판 가림막을 이마트와 이마

아크릴 가림막이 설치된 이마트의 계산대.

트 트레이더스 155개 점으로 확대했다. [3]

그런데 이보다 한층 더 적극적인 대응을 한 리테일러들도 있다. 대형 마트에서는 위생과 관련된 중요한 부분이 쇼핑 카트다. 여러 사람이 사용하는 만큼 오염이 우려되기 때문이다. 영국 슈퍼마켓 슈퍼U Super U는 카트 자동 소독 시스템 '하이퍼 클린hyper clean'을 도입했다. 매장 외부 주차장에 소독 코너를 마련해 이 시스템으로 카트를 소독한다. 하이퍼 클린은 태양광 에너지를 활용해 에너지 효율성이 높을 뿐 아니라, 소독제를 따로 닦아내거나 헹굴 필요가 없어 편리하다. [4] 또한 여러 사람이 손으로 터치하는 키오스크는 스크린을 소독해도 여러 사람이 사용하는 만큼 세균 오염 등 위생 문제가 발생할 염려가 있다. 이에 영국의 코메트Comet는 '쏘클린Soclean'이라는 안티 박테리아 키오스크를 개발했는데 유리 표면에 이온을 넣어 99.9% 세균을 제거할 수 있는 반면 사람 피부에는 유해한 영향을 주지 않는 키오스크다. [5]

이번 사태로 드러났듯이 위생과 안전에 관한 수칙, 사회적 동의와 행동 등에서는 아시아가 미국과 유럽을 앞선 것으로 보인다. 'K방역'이라는 말처럼 꼼꼼한 관리와 추적 등의 시스템은 우리나라가 세계에서 모범이 될 정도였다. 또한 아시아의 다른 사례들이 본보기가 될 수 있는데, 방콕 등 태국과 인도네시아에 3700여 개 매장을 운영하는 센트럴 백화점은 지난 5월 코로나19 이후 매장을 재오픈할 당시 다섯 가지 원칙과 그에 따른 26개의 위생 관련 측정 기준을 발표했다. [6] 전 세계 8만여 명의 직원, 2100여만 명의 로열티 프로그램 회원을 보유한 센트럴

■ 태국 센트럴 백화점의 26가지 위생 측정 기준 ■

	테마	구체적인 시행 사항(26개 위생 관련 측정 기준)
원칙 1	센트럴 백화점은 '안전'하다.	• 직원들은 마스크와 안면 가리개를 착용하고 소비자 접점 전후에 손을 씻어야 한다. • 공기순환 시스템을 개선하고 UVC 소독 유닛을 설치한다. • 직원과 방문객들의 동선을 추적한다.
원칙 2	센트럴 백화점은 '스크리닝'을 한다.	• 모든 방문객과 스태프는 체온 측정 포인트를 통과해야 하며, 알코올성 젤로 손을 소독해야 한다. • 직원들은 3시간 간격으로 체온을 측정해야 한다. • 모든 직원과 방문객들은 마스크를 써야 한다. 마스크가 없는 고객은 체온 측정 포인트에서 구입할 수 있다. • 모든 직원은 일을 시작하기 전에 여러 평가를 완수해야 하며 이상 증세가 있는 직원은 14일 동안 자가 격리를 해야 한다.
원칙3	센트럴 백화점은 '청결'하다.	• 모든 샘플 상품, 테스터나 시험 사용 상품은 사용 후 소독한다. • 출입구에 소독용 매트를 비치하며 하루에 두 번씩 교체한다. • 에스컬레이터 손잡이에는 자동 UVC 소독 유닛을 설치한다. • 손 소독 젤은 모든 입구, 안내데스크, 계산대와 엘리베이터에 비치되며, 2시간마다 리필된다. • 화장실은 30분마다 청소하고 변기 시트 소독 젤도 비치한다. • 소독제와 오존, UVC 소독 제품으로 매일 영업시간 이후 매장 전체를 소독한다. • 핸드레일이나 손잡이, 리프트 버튼처럼 터치가 많은 구역들은 매일 30분씩 더 소독한다. • 주차 카드와 푸드코트 카드는 한 번 사용할 때마다 전후로 소독한다.
원칙 4	센트럴 백화점은 '거리를 유지'한다.	• 소비자들은 1~2미터 거리를 유지해야 하며 5제곱미터당 한 명의 고객으로 매장 출입을 제한한다. • 매장 입구와 서비스 포인트에 사회적 거리두기 간격을 표시한다. • 서비스 코너에 앉을 수 있는 공간을 표시하고, 라운지의 모든 기구는 일회용 용품으로 교체한다.

		• 외부 방문객이나 음식 배달원들이 사회적 거리를 유지할 수 있도록 배정한다.
		• 스태프들은 소비자들에게 사회적 거리 유지를 상기시킨다.
		• 매장에 들어오는 고객과 나가는 고객의 문을 다르게 유지한다.
		• 계산대, 레스토랑과 푸드코트에 투명 가리개를 설치한다.
		• 코로나19와 관련한 인식을 높이는 사이니지를 설치한다.
원칙 5	센트럴 백화점은 '터치리스 경험'을 제공한다.	• 소비자들이 현금보다 모바일 뱅킹 또는 e-페이먼트를 이용하도록 권장한다.
		• 현금이나 수표, 동전을 사용하는 경우 오존으로 소독한다.
		• 화장실과 서비스 코너에 발로 밟는 페달로 문 조작을 할 수 있도록 하여 '접촉'을 최소화한다.

그룹이 태국 전역의 23개 지점 전체에 적용한 클린, 안전수칙이다. '센트럴 백화점: 청결하고, 안전하며 편안한… 마치 집처럼Central Department Store: Clean, Safe & Comforting…Just like Home'이라는 모토 하에 5개의 원칙과 26개의 엄격한 위생 관련 측정 기준을 마련해 공유한 것이다. 이는 굉장히 구체적일 뿐 아니라 각종 기술을 이용해 매장 위생에 전사적 노력을 기울이는 모습이었다. 이런 매장이라면 마치 집처럼 안전하게 여겨질 것이고 안심하고 쇼핑할 수 있어 매장을 방문하는 데 두려움이 없을 것이다.

픽업 전용 매장과 커브사이드 픽업의 등장

매장 내 소독과 안전수칙 수립에서 더 나아가 스토어 포맷에 변화를 줄 수도 있다. 앞으로 소비자들에게는 쇼핑 프로세스, 매장에서 직원과 혹은 다른 소비자와의 접점에 더욱 더 민감해질 것이기 때문이다. 2020년 6월 스타벅스는 향후 18개월에 걸쳐 미국의 매장 중 400개 매장을 닫고, 대신 커브사이드 픽업, 드라이브 스루 중심 매장을 확대하겠다고 발표했다. [7] 스타벅스 CEO 케빈 존슨Kevin Johnson은 이것을 "미국 매장 포트폴리오 트랜스포메이션"이라고 칭하며, 코로나19로 인한 소비 행동의 변화에 대응하면서 스타벅스 고객들에게 안전하고 편리한 경험을 제공하기 위함이라는 것을 강조했다. 픽업 전용 매장에서 고객들의 마스크 의무 착용 등 안전에 대한 조항도 덧붙였다. 편의성과 안전을 동시에 잡을 수 있는 방식이다. [8]

실제 소비자들의 커브사이드 픽업 이용은 급증하는 추세다. 2020년 4월 1일에서 20일 사이, 온라인에서 주문하고 오프라인 매장에서 커브사이드 픽업을 이용한 비율이 전년 대비 208%나 늘었다. [9] 스타벅스의 커브사이드 픽업

스타벅스 픽업 전용 매장.

은 앱으로 주문과 결제를 마친 후, 매장에 도착해 모바일로 체크인을 하면 매장에 도착했다는 신호가 전송되고 직원이 음료를 고객의 차에 가져다준다. 고객이 차에서 내릴 필요가 없어 편리한 서비스로, 코로나19를 계기로 '안전한 방식'이라는 인식도 더해졌다. 이 서비스는 요식업계에서 일반적으로 운영되다 점차 다른 카테고리로 확장되는 추세로 접어들었다. 미국에서는 코로나19가 심각해지는 시점에 전자제품 리테일러 베스트바이가 가장 먼저 커브사이드 방식의 주문과 픽업으로 소비자의 안전에 앞장섰다. 주문한 제품 또는 반품할 제품을 가지고 차에서 내리지 않고 기다리고 있으면 마스크와 장갑을 낀 직원이 와서 상품 또는 영수증을 스캔하는 것으로 프로세스가 끝난다. 월마트나 크로거뿐 아니라 초저가 슈퍼마켓인 알디도 2020년 5월 클릭앤컬렉트 Click & Collect 서비스와 함께 커브사이드 픽업 서비스를 개시했다. 온라인으로 주문한 상품을 직원이 픽업해서 예약된 시간에 픽업 존에 도착한 고객의 차 트렁크에 실어주는 서비스다.[10]

온라인으로 상품을 주문하면 시간에 맞춰 도착한 고객의 차에 실어주는 알디의 커브사이드 픽업 서비스.

한국의 경우 코로나19 사태 이후 로컬 매장, 특히 편의점의 부상이 눈에 띄었다. 사람들이 많이 모이는 대형마트 대신 편의점을 선호한 이유는 크게 2가지였다. 첫째, 집에서 가까워 편리해서다. 둘째, 마주치는 사람이 그리 많지 않기 때문이다. 재미있는 점은 집 근처에서 쇼핑하되 외출 횟수를 줄이기 위해서 한 번 살 때 대용량 제품을 구매하거나 방문 1회당 지출 비용이 늘었다는 것이다. 데이터 분석 및 솔루션 기업 던험비dunnhumby에 따르면 고객 방문당 지출 비용이 최대 20%까지 증가했다.[11] 최근 몇 년간 대형 리테일러의 슈퍼마켓이나 편의점 정도의 소규모 마트가 주목을 받아왔는데 앞으로 오픈하는 매장들은 매장 규모도 신중히 고민해보아야 할 것이다. 코로나19와 언택트 선호로 앞으로는 매장 수를 줄여야 하는 상황이다 보니 효율성이 높은 매장은 그대로 유지하되, 도심형 소형 포맷 중심으로 오픈하는 것도 하나의 방법일 수 있다.

최근 미국에서는 이동제한 조치 이후 경제활동을 재개하면서 레스토랑에도 눈에 띄는 변화가 생겼다. 사회적 거리를 유지하기 위해 테이블 사이사이에 인형이나 마스코트, 마네킹 등을 앉혀둔 것이다. 자연스럽고 재미있게 사회적 거리를 유지하기 위함이다. 버지니아 주에 있는 유명 호텔 더 인 앳 리틀 워싱턴The Inn at Little Washington의 레스토랑에는 1940년대 의상을 입힌 실물 크기의 마네킹들이 놓여 있다.[12] 미슐랭 스리스타 레스토랑인 만큼 마네킹도 격이 있는 모습을 갖춘 것이다. 오하이오 주에 위치한 레스토랑 트위스티드 시트러스Twisted Cirtrus는 식사하는 동안 안전한 느낌을 주기 위해 투명 샤워 커튼을 설치해 테이블들

더 인 앳 리틀 워싱턴의 마네킹 손님(왼쪽)과 미디어매틱 이튼의 온실 같은 그린하우스(오른쪽).

을 격려했다. 개인적으로 제일 인상 깊었던 사례는 네덜란드 암스테르담에 위치한 레스토랑 미디어매틱 이튼Mediamatic ETEN이 선보인 '쿼런틴 그린하우스Quarantine Greenhouses'다. 온실처럼 보이는 투명 유리 구조물 안에 테이블을 들여놓은 형태로, 마치 강변에 원래부터 있었던 듯이 보이는 구조물 안에서 둘만의 식사가 가능해 오히려 낭만적으로 느껴지기도 한다.

미래형 클린 매장 레이아웃

코로나19 사태로 인해 매장의 구조, 동선, 설치물 등의 배치를 바꿀 필요성도 대두된다. 새로 오픈하는 매장은 상대적으로 유연하게 대응할 수 있지만 기존 매장들도 매장 레이아웃layout에 사회적 거리두기와 위생, 안전 등의 클린 콘셉트를 적용할 필요가 있다. 10년 전 창업해 주요 건강 이슈들을 고려한 디자인으로 유명세를 얻고 있는 MASS 디자인 그룹은 포스트 코로나 시대의 공간 디자인 전략을 제시했다.[13] MASS가 제안한 레스토랑의 레이아웃은 주방과 고객 사이에 버퍼링 존을 만들어 접촉을 줄이고, 직원들의 탈의실을 따로 마련해 음식이 오염될 수 있는 가능성을 낮췄다(229쪽 그림). 또한 사회적 거리를 유지하면서도 공간을 최대한 활용할 수 있는 테이블 배치를 제안했다. 특히 테이블 배치는 사회적 거리두기를 고려해야 하지만 그렇다고 이윤과 상충되면 안 되는 요소이므로 매출에 큰 타격을 입지 않도록 효율적인으로 공간을 활용해야 한다.

앞으로는 슈퍼마켓 동선을 디자인할 때 건강 전문가의 도움을 활용하는 것도 한 방법이다. 영국 왕립공중보건학회가 건강한 식품 선택을 독려하기 위해 만든 슈퍼마켓 헬스 온 더 셸프Health on the Shelf의 경우[14] 채소와 과일은 출입문 근처에, 그리고 주류나 케이크, 과자 등 비만 가능성을 높이는 상품들은 최소한의 공간만 차지해야 한다는 원칙에 입각해 동선을 짰다. 이에 따라 채소와 과일, 우유, 요거트 등 건강에 좋은 상품 매대는 가장 먼저 눈에 띄도록 배치했고, 대개 과자 같은 스낵류가 진열되는 계산대 옆에는 과일과 채소, 물을 진열해놓았다.

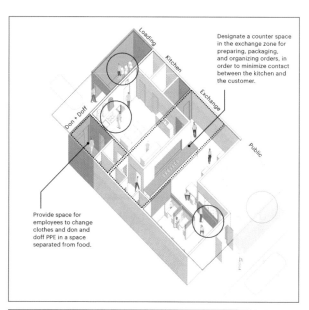

Designate a counter space in the exchange zone for preparing, packaging, and organizing orders, in order to minimize contact between the kitchen and the customer.

Provide space for employees to change clothes and don and doff PPE in a space separated from food.

How Can Seating Be Maximized Under New Distancing

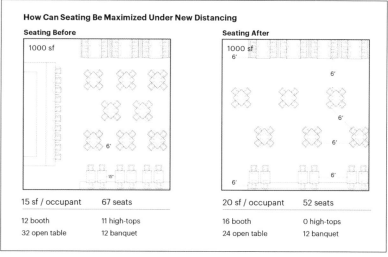

Seating Before		Seating After	
1000 sf		1000 sf	
15 sf / occupant	67 seats	20 sf / occupant	52 seats
12 booth	11 high-tops	16 booth	0 high-tops
32 open table	12 banquet	24 open table	12 banquet

MASS 디자인 그룹이 제안한 언택트 시대의 레스토랑 공간 디자인과 테이블 배치.

클린 쇼핑을 제공하는 매장이 되려면

클린 쇼핑은 리테일러의 근본적인 차별화를 위한 전략이라기보다는 전술적 개념에 가깝다. 즉 장기적 솔루션이라고 말하기엔 무리한 감이 있지만, 코로나19 이전도 이후도 아닌 코로나19와 함께하는 현재와 적어도 앞으로 몇 년간은 엄격한 위생과 안전 시스템 등 '건강한' 쇼핑이 중요할 수밖에 없다. 더구나 실제 대면이 있을 수밖에 없는 오프라인 매장에서 '클린 쇼핑' 경험은 소비자들을 매장으로 유도하는 데 필수적일 수밖에 없다.

클린 쇼핑 경험을 디자인할 때는 크게 두 가지 측면을 고려해야 한다. 매장이 실제로 안전하게 운영된다는 '운영'의 측면, 그리고 소비자들이 안전하다고 느끼도록 만드는 '심리'의 측면이다. 이를 위해 첫째, 유연한 운영이 필요하다. 여러 사람의 손을 거치는 테스터나 사회적 거리가 지켜지기 힘든 시식 테스트 같은 서비스는 과감히 줄이고, 대신 일회용 샘플을 간격을 두고 비치하는 등 새로운 접근이 필요하다. 매장 내에 유리나 플라스틱 가림막을 설치하고, 사회적 거리두기를 돕기 위해 바닥에 표식을 하고, 테이블을 재배치하고, 여유롭게 그리고 안전하게 쇼핑할 수 있는 방문 시간 예약 기능 등의 시스템 개선을 실행해야 한다.

특히 한국의 경우에는 식문화에도 '클린' 콘셉트가 적용될 필요가 있다. 우리 식문화는 큰 찌개 냄비를 다 같이 공유하며 먹는, 소위 '정'을 나누는 방식이 많다. 또한 반찬 수가 많다 보니 개인찬 대신 접시별로 반찬을 담아 함께 먹는 것이 일반적이다. 식당에서는 대부분 수저통을 공유하고, 큰 물통뿐 아니라 재사용되는 물잔을 이용해 물을 마신다. 이런 문화가 지금까지는 일상적이었다고 할지라도 앞으로는 개인별 찌개와 반찬 문화로의 변화가 필요하다. 레스토랑에서도 개인찬 중심의 식사 경험을 제공해야 한다. 이렇게 운영에서 실제로 변화를 주어야 한다.

둘째, 보이는 것 이외에도 실제로 체감할 수 있는 서비스를 통해 소비자들이 매장에 발을 들여놓는 순간 리테일러에 대한 신뢰를 높일 수 있어야 한다. 예를 들어 닥터자르트Dr. Jart의 서울 플래그십 매장은 어떤 면에서는 전시장처럼 보일 만큼 미니멀하고 모던한 레이아웃으로 감염 가능성이 낮아 보이는 한편 실제로 위생적인 면에서도 안전하다. 입구에도 에어샤워부스를 설치해 밖에서 들어오는 사람들의 먼지와 균들을 날려버린 덕분에 매장을 오가는 사람들이 '이 매장은 안전하겠구나'라는 심리적 안정감을 갖게 한다.[15]

오프라인 매장에서 청결한 제조 공정을 보여줄 수 있다면 소비자들이 상품을 더 안심하고 구입할 수도 있다. 최근 식품 업계와 편의점에서 가장 큰 관심과 성장세를 보인 영역이 가정간편식(Home Meal Replacement, 이하 HMR)이다. 그러나 리테일러가 자체 HMR 제품을 론칭한다고 해도 제조 과정에 신뢰를 쌓기에는 한계가 있다. 편의점의 식품 위생 문제도 불거진 바 있다. GS25 편의점은 매대에 QR코드를 넣어 'FF 공장 둘러보기' 옵션을 제공한다. 소비자들이 언제든지 위생 관리 상태를 확인할 수 있도록 비디오를 제공함으로써 안심하고 HMR 제품을 구입하게 만든 것이다.

GS25 리테일 매장의 생산 공정 위생관리용 QR 코드 사진.

마지막으로 클린 쇼핑 전략을 소비자들과 적극적으로 소통함으로써 고객이 심리적으로 안심할 수 있도록 해야 한다. 매장이 안전하다는 것, 소독과 거리두기 등 눈에 보이는 것뿐 아니라 눈에 보이지 않는 노력들도 적극적으로 소통하여, 소비자들이 안전하다는 느낌을 갖도록 하자. 소비자들이 이러한 커뮤니케이션을 이미지 제고의 수단으로 느끼지 않고, 위기에 적극적으로 대응하고 있다는 신호로 받아들인다면 긍정적인 반응을 보일 것이다.

CHECK POINT

—————————— ❶ ——————————

코로나19 이후 매장에서는 안전수칙에 대한 구체적인 프로토콜이 요구된다.

—————————— ❷ ——————————

매장의 포맷이나 레이아웃을 고려할 때도 '클린'에 초점을 맞춰야 한다.

—————————— ❸ ——————————

실제 위생과 안전 관리는 물론, 소비자들이 심리적으로 안심할 수 있는
장치를 만드는 것도 필요하다.

8장

Re-Green

Retail
Lab

Re-Physital

Re-Analog

Retailtainment

Reinventing Space

RE-
GREEN

쿨한 친환경

친환경은 서브 메시지로 전달할 때 더 효과적이다

RE-GREEN

    겨울이 되면 월스트리트의 금융권 종사자들이 마치 겨울철 교복처럼 하나같이 입고 돌아다니는 조끼가 있다. 바로 파타고니아Patagonia 브랜드의 조끼다. 이 조끼는 월가 금융맨의 유니폼이라 할 정도로 월가의 많은 회사들이 맞춤형 유니폼으로 이용해왔다. 심지어 금융권의 젊은 구직자들은 급여보다 파타고니아 조끼에 더 관심이 많다는 이야기가 나올 정도였다.

    아이러니한 점은 상업성 최고의 월가에서 트렌드가 된 브랜드 파타고니아는 대표적인 친환경 브랜드라는 것이다. 파타고니아는 미국 아웃도어 업계 2위이고, 연 매출이 약 8억 달러(9600억 원, 2019년 기준)가 넘는다.[1] 창업자 이본 쉬나드Yvon Chouinard는 자신의 저서 《파타고니아,

파도가 칠 때는 서핑을》[2] 에서 브랜드 미션으로 환경을 최우선으로 삼
고 지구를 지키기 위해 사업을 하고 있음을 강조한다. 유기농과 친환경
원단만 쓰고 협력사의 환경기준을 엄격하게 따지는 등 사업의 밸류체
인 과정마다 일관성 있게 친환경 요소를 반영한다. 또한 제품의 품질을
최우선으로 두는 것도 소비자와 환경을 위해서다. 최고의 옷을 만들어
오랫동안 입을 수 있게 한다면 자원을 아낄 수 있기 때문이다. 이런 방
향성과 브랜드 철학이 확고하기에 파타고니아는 "이 재킷을 사지 마세
요 Don't Buy This Jacket" 등의 메시지를 자신 있게 광고에 담을 수 있었다.

파타고니아는 월가 금융맨들에 이어 혁신의 중심지 실리콘밸리에
서도 힙한 유니폼이 되었다. 그런데 2019년 4월 파타고니아가 기업 대

파타고니아의 철학이 담긴 광고 메시지(왼쪽)와 월가의 유니폼이라 불리는 파타고니아 조끼(오른쪽).

상 조끼 판매를 제한하겠다고 발표하자 월가가 한바탕 시끄러워졌다. 《월스트리트 저널Wall Street Journal》이 이 발표에 대해 "월스트리트가 남성 직원들의 심장부를 강타당하는 위기에 직면했다Wall Street faces a crisis that touches the very core of its largely male workforce", "공포를 자아내는 발표a panic-inducing announcement" 등의 표현을 담은 기사를 내보낼 정도로 월가에서는 큰 뉴스거리였다.[3] 대표적인 친환경 브랜드의 조끼가 가장 상업적인 월가의 유니폼으로 큰 반향을 불러일으켰다는 사실은 친환경 브랜드에 대한 고정관념을 넘어서 친환경이 '쿨'한 소비가 될 수 있음을 보여주는 사례다.

친환경 브랜드의 딜레마

친환경 브랜드들은 재활용, 업사이클링 등을 통해 소비자들에게 윤리적 소비의 가치를 오랫동안 피력해왔다. 그렇지만 개인적으로 환경에 특별한 열정과 관심을 갖고 있지 않는 한 소비자들이 환경 문제의 심각성을 제대로 알 수 있는 기회는 별로 없었다. 그런데 코로나19로 인해 소비자들의 라이프스타일이 반강제적으로 온라인으로 이동하면서 소비와 환경 사이의 문제가 소비자들의 실생활에서 드러나기 시작했다. 온라인 주문과 배달 앱이 남긴 엄청난 일회용 쓰레기 때문이다. 종이상자와 스티로폼 등 택배 포장재와 플라스틱 음식 용기가 엄청나게 쌓이는 것을 목도한 소비자들은 '플라스틱의 재습격'에 대한 죄책감을 느끼기 시작했다.[4] 코로나19와 언택트 시대에 느닷없이 윤리적 소비가 한층 더 부각된 이유다.

시장조사 기관 메이커사이츠MakerSights가 실시한 조사를 보면, 미국 소비자의 73%가 친환경 브랜드 구입을 선호하고, 특히 패션 제품에서 재활용이나 윤리적 아웃소싱, 지속가능한 재질을 통해 만들어졌는지를 중요하게 여긴다.[5] 사회적책임경영 컨설팅 업체 콘 커뮤니케이션스 Cone Communications가 실시한 조사에서는 13~19세 Z세대의 92%가 친환경과 지속가능성 등의 이슈를 중요하게 생각하며 미래에 대한 우려를 표했고, 89%가 지구의 미래가 걱정된다고 말했다.[6] 81%가 소셜미디어 등을 통해 사회와 환경 이슈에 영향력을 행사할 수 있다고 믿었고, 98% 정도가 환경과 사회에 대한 기업들의 태도를 고려해 구입 결정을 내릴 것이라고 말했으며, 92%가 대의명분을 중요시하는 브랜드로 바꿀 의향이 있다고 답했다.

문제는 기업이 기대하는 친환경과 매출의 관계에 대한 딜레마다. 기업들이 친환경을 강조하고 윤리적 소비를 호소하는 것만으로 매출을 늘릴 수 있을까? 반드시 그렇지는 않다. 우선 모든 소비자들이 친환경을 선호하는 건 아니다. 메이커사이츠 조사에서도 참가자 중 14.5%는 친환경 브랜드를 '선호하지 않는다'고 밝혔다. 더 중요한 것은 소비자의 의식과 소비 행동 사이에 차이가 있다는 점이다. 소비자들이 기업 A에 대해 친환경과 CSR(기업의 사회적 책임) 측면에서 긍정적인 인식을 가지고 있다고 해도 그런 인식이 다 구매로 전환되지는 않는다. 더구나 친환경을 강조하는 브랜드의 매장을 방문해보면 세련되거나 쿨하다는 인상을 받기 힘들다. '친환경=전통적'이라는 느낌의 고정관념을 벗어난 경험을 제공하는 브랜드를 한국에서는 아직 보지 못한 것 같다. 오히려 친환경이라는 메시지와 함께 딸려오는 고정관념이 소비자들을 오프라인 매장에서 벗어나게 하는 측면이 있을지도 모른다.

그런데 이번 코로나19 사태를 겪으면서 소비자들은 친환경과 지속가능성의 중요성을 피부로 느낄 수 있었고 글로벌 이상기후 등의 환경문제가 부각되면서 앞으로도 친환경과 지속가능성은 중요한 이슈로 떠오를 가능성이 높아졌다. 이런 여건에서 친환경을 강조하는 브랜드들은 어떻게 마케팅을 해야 할까? 그리고 온라인과 오프라인 중 어떤 채널이 소비자들에게 더 효과적으로 접근할 수 있을까?

리테일러의 친환경에 대한 소비자의 인식이 구매로 연결되기 위해서는 파타고니아처럼 상품의 품질을 중심 메시지로, 친환경을 서브 메시지로 전해야 한다는 것이 필자의 주장이다. 매장에서 "우리는 친환경적입니다"라는 추상적인 메시지보다 상품을 중심으로 하는 구체적인 메시지로 소통해야 하고, 더 중요하게는 친환경을 트렌디한 요소와 결합시켜 소비자들에게 어필해야 한다. 즉 친환경을 쿨하고 힙한 것으로 설득(프레젠테이션)해야 한다는 것이다. 그 전략으로는 1) 편함과 스타일시함을 체감할 수 있는 매장 분위기와 서비스, 2) 최첨단의 디지털화된 친환경 브랜드 경험을 제공하는 방법들이 있다. 이와 관련한 사례들을 먼저 살펴보자.

페트병으로 만든 여성화의 스타일리시한 반전, 로시스

앞서 언급한 메이커사이츠 조사에서 소비자들은 파타고니아, 나이키, 아디다스, 리바이스를 지속가능성이 높은 브랜드로 꼽았고 에버레인, 피플 트리People Tree, 로시스 등이 그 뒤를 따랐다. 이 중 로시스는 2012년 미국 샌프란시스코에서 시작된 신발 브랜드로 2016년 페트병으로 만든 여성화, 물세탁이 가능한 여성화 콘셉트로 많은 주목을 받았다. 온라인에서 직접 판매하는 DTC 브랜드 로시스는 트렌디한 친환경 여성화로 인스타그램과 페이스북, 브랜드 앰배서더Brand Ambassador 프로그램 등에서 입소문을 타면서 매출이 급증했다. 2019년에는 전년 대비 2배인 100만 컬레를 판매해 1억 4000만 달러(1680억 원)의 매출을 올렸고,[7] 기업가치도 7억 달러(8400억 원)에 이른다.

온라인에서 성공을 거둔 로시스는 소비자와의 대면 소통의 필요성을 느끼고 2018년 5월 샌프란시스코에 28제곱미터의 작은 오프라인 매장을 열었다. 소규모 공간이지만 소비자와의 대면 소통을 통해 고객에 대한 이해도를 높이고 온라인과 오프라인을 넘나드는 멀티채널 경험에 대한 고객 데이터를 모으려는 목적으로 매장을 오픈한 것이다. 매장 오픈 이후 소비자들의 발길이 끊임없이 이어졌고 4개월 만에 수익

최소한의 상품만 전시하여 여유롭고 세련된 느낌을 주는 로시스 샌프란시스코 매장.

을 낼 수 있었다. 샌프란시스코 베이 지역 매장 임대료(1평방피트당 28~59 달러)는[8] 매우 비싼 편으로 로시스의 매장 면적이면 한 달 1만 3000달러 (약 1570만 원) 정도의 임대료가 들어간다. 인건비 등의 운영비까지 감안 할 때 4개월이라는 짧은 기간 만에 수익을 냈다는 것은 로시스의 시도 가 성공적이었음을 보여준다.

샌프란시스코 매장에 실제로 방문해보니 특히 두 가지가 인상적이 었다. 하나는 따가운 햇살이 내리쬐는 매장 밖에서 줄을 서서 기다렸다 가 입장해야 한다는 점이다. 매장 크기가 작아 한 번에 많은 고객을 수용할 수 없기 때문에 줄을 세워 몇 명씩만 입장시키는 방식을 동원한 것일 테지만, 마치 명품 매장들처럼 '기다려야만 들어갈 수 있는' 공간이라는 인상이 들기도 했다. 매장에 들어가면 매장 레이아웃과 조명, 인테리어, 그리고 예상보다 훨씬 화려하고 세련된 신발의 색감과 스타일이 눈에 확 들어온다. 원목과 간접조명을 중심으로 한 인테리어에 모델당 신발 한 켤레씩만 전시해놓았는데 그게 오히려 더 세련되게 느껴졌다. 매장에 들어서면 고객마다 판매원이 한 명씩 배정되는데, 필자를 담당한 직원은 대여섯 개 모델을 신어보는데도 줄곧 생긋 웃는 얼굴로 모델별 장단점과 스타일링 조언까지 꼼꼼히 제공하며 정성껏 대해주었고, 구입은 온라인에서 해도 된다며 구입을 강요하지도 않았다. 로시스의 신발은 재활용 재료를 이용한 다른 브랜드들과 달리 다양한 색상과 패턴 조합으로 스타일이 400개가 넘는다. 2019년에만 186개의 색 패턴을 새롭게 선보였고, 각각의 스타일마다 제조 공정을 통해 다양한 발 모양에 유연하게 맞으면서도 멋진 스타일링이 가능하도록 스타일을 최우선으로 제작한다.[9]

두 번째 인상적이었던 것은 매장 앞에서 대기하는 동안 들었던 대화다. 고객 A가 로시스 신발 상자를 들고 있던 고객 B에게 "로시스 신발 어때요? 편해요?"라고 물어보자 고객 B가 "신발이 굉장히 편해요. 더구나 페트병으로 재활용한 신발이라는 점도 좋고요"라고 답하는 것이었다. 친환경을 강조하는 브랜드의 상품이라도 소비자들이 내구성과 성능을 더 중시한다는 점, 그리고 브랜드의 신조와 지향점을 소비자들이 자발적으로 홍보해주는 모습을 목격할 수 있었다.

종합하면 로시스의 오프라인 매장은 친환경 제품을 세련되고 시크한 스타일로 만나볼 수 있는 경험을 제공해준다. 대부분 매장 규모를 중요하게 생각하는 반면 로시스는 리스크를 줄이기 위해 매장 규모를 작게 하는 대신, 가장 인기 있는 모델과 매장에서만 살 수 있는 오프라인 단독 모델 위주로 신발을 진열하고 판매하는 식으로 온라인 상의 버즈(buzz, 소문)를 만들어내고 물류 관리 비용도 낮췄다. 또한 오프라인 매장에서 실제로 고객들이 보거나 착용했을 때 더 좋아하는 상품들에 대한 데이터를 확보해 상품 구색을 더 정교하게 만든다. 고객에게 가능한 한 최고의 경험을 제공하고 온라인 주문을 장려하는 등 단 한 번의 방문으로도 브랜드가 확실히 각인되도록 최선을 다한다. 오프라인 매장에서의 이점을 경험한 로시스는 2020년에만 워싱턴 DC와 뉴욕 등의 지역에 5개 매장을 추가로 오픈할 예정이다.

뉴욕에서 유일하게 붐비는 올버즈 매장

로시스와 유사하게 '지속가능성이 스타일을 만나다'를 목표로 하는 또 다른 브랜드가 있다. 울wool로 만든 스니커즈로 유명한 브랜드 올버즈Allbirds다. 올버즈의 독특한 점 중 하나는 '세상에서 가장 편한 신발'이라고 자신만만하게 광고한다는 것이다. 아무리 상품에 자신이 있다고 해도 자사의 상품이 세계 최고라고 주장하기는 쉽지 않다. 미국 패션잡지 《에스콰이어Esquire》는 올버즈를 소개하면서 "이 스니커즈들은 가격도 적당하고, 지속가능한 데다가 진정 스타일리시하다These Sneakers Are Affordable, Sustainable, and Genuinely Stylish"라고 말했다.[10] 미국의 비즈니스 및 기술 뉴스 웹사이트 '비즈니스 인사이더Business Insider'의 한 기자는 자신이 신고 다니는 "올버즈 캔버스를 2년 동안 신었는데도 여전히 가장 편안한 신발"이라는 기사 제목을 붙이기도 했다.[11]

올버즈가 특허를 낸 울 소재 신발의 가격은 95달러 정도로, 120~160달러의 다른 경쟁 브랜드의 신발들보다 매력적이다. 경쟁사들보다 가격을 낮게 책정하고도 지속성에 집중할 수 있었던 것은 올버즈가 소비자들에게 직접 판매하는 DTC로 사업을 시작해 마진이 높았기 때문이다. 2016년 론칭해 2년 만에 연 매출 1000만 달러(1200억 원)를 돌파하고, 4년 만에 기업가치가 14억 달러(1조 6800억 원, 2019년 기준)로 급성장했다.[12] 올버즈는 2018년 뉴욕에 첫 플래그십 매장을 오픈한 이후 LA, 시애틀 등으로 확장, 2019년 11월 기준 14개 매장을 가지고 있다. 최근 뉴욕 소호나 샌프란시스코 등 미국 도시에 방문했을 때 나이키 플래그십 매장을 제외하곤 거의 유일하게 붐비는 매장이었다. 올버즈 매장은 평균적으로 오픈한 지 2달 만에 수익을 내는 것으로 알려져 있다.[13]

왜 많은 소비자들이 올버즈 매장에 방문하고 싶어 할까? 우선 일반 스니커즈·운동화 매장에서의 경험을 한번 떠올려보자. 매장 직원들이 바쁘게 뛰어다니며 박스를 들고 오가는 모습이 일반적이다. 반면 올버

다람쥐 쳇바퀴 구조물이 있는 올버즈 뉴욕 매장(위, 가운데)과 샌프
란시스코 매장(아래).

즈는 매장마다 가구 디자인을 각기 달리해 매장마다 새로운 경험을 제공한다. 올버즈에서는 살롱처럼 편한 분위기 속에서 매장 중간에 있는 소파에서 신발을 착용해볼 수 있으며, 소파 밑에 신발박스를 넣을 수 있는 공간을 마련해 매장 분위기가 어수선해지지 않도록 신경을 썼다. 더 중요한 점은 오프라인 매장에서 신발의 편안함과 내구성을 충분히 어필하고 있으며 올버즈가 사용하는 의외의 재료들(울, 나무에서 추출한 섬유질, 사탕수수 등)을 직접 경험해볼 수 있다는 점이다. 올버즈 CEO 팀 브라운Tim Brown은 신발전문 매거진《풋웨어뉴스Footwear News》와의 인터뷰에서 "온라인에서 '우리 여기 있어요'라고 브랜드를 알리는 것보다 오프라인 매장을 여는 것이 훨씬 더 강력하다는 점을 배웠다"라고 강조했다. 올버즈처럼 특별하고 다양한 친환경 재료를 사용한 경우는 오프라인에서 직접 만져보고, 설명도 들어보고, 신어도 보고 하는 등의 직접적인 경험이 브랜드의 메시지를 전달하는 데 훨씬 더 효과적이라는 말이다. 예를 들어 뉴욕 매장에는 다람쥐 쳇바퀴를 응용한 구조물[14]을 설치해 다양한 각도에서 올버즈 신발의 착용감과 내구성을 재미있는 방식으로 경험하게 해준다. 또한 원목과 심플한 일러스트 기반의 매장 인테리어도 트렌디한 감성을 더해준다.

올버즈 샌프란시스코 매장을 직접 방문해보니 인터넷으로 보는 것보다 직원의 설명을 직접 듣는 것이 올버즈의 미션과 상품 특징들을 훨씬 더 쉽게 이해하고 느낄 수 있다는 것을 알 수 있었다. 또한 직원들이 신발의 스타일리시함과 내구성 그리고 친환경이라는 점을 재차 강조하는 모습이 인상적이었다. 직원들이 브랜드에 대해 갖는 자부심도 분명하게 느껴졌다. 신발을 한 켤레 구입해서 나가려는데 직원이 다가와 입구에 놓인 큰 항아리 모양에 걸쳐 있는 엄청나게 많은 신발끈 중 두 개를 마음대로 골라서 가져가라고 했다. 인터넷에선 10달러에 판매하고 있지만 신발을 사지 않은 사람들도 원하면 가져가도 된다고 했다. 신발끈도 플라스틱 생수병을 재활용해 만든 거라는 설명도 빼놓지 않았다. 스타일리시한 신발 매장의 마지막 메시지 역시 스타일리시한 친환경 메시지였다.

올버즈에서 구입한 신발은 그 상태에 상관없이 30일 내에 교환이나 환불이 가능하다. 그만큼 상품에 대한 자신감이 넘친다. 이렇게 올버즈는 새로운 감각의 신발에 대한 엄청난 자신감을 중심 메시지로 하고, 친환경 소싱과 지속가능성을 은근히 부각시키는 식으로 매장 경험을 전달한다. 2020년에는 20개 매장을 추가로 오픈해 총 35개 매장을 운영할 계획이며, 런던과 뉴질랜드까지 확대할 예정이다.[15] 국내에는 2020년 8월 온라인 몰로 먼저 진출했다.

친환경에 스마트한 첨단 기술을 입힌 에버레인

하루는 뉴욕에서 뜨거운 햇볕 아래 손님 줄이 길게 늘어선 매장이 눈에 띄었다. 밖에서 보기엔 평범한 디자인 같은데 왜 그리도 많은 사람들이 줄을 서고 있는지 의아해서 알아보니, 당시 이른바 '뜨는 브랜드'였던 에버레인 매장이었다. 에버레인은 2010년 창업한 온라인 기반 패션 스타트업으로 2019년 2200만 달러(2600억 원)의 매출을 올렸다.[16] 윤리적 제조 공정과 친환경 원단을 사용하는 등 '투명한 리테일transparent retail'을 추구하는 친환경 브랜드다.

현재 샌프란시스코(2개), LA, 뉴욕, 브루클린에서 5개 매장을 운영하는데, 매장마다 내부의 디테일은 다르지만 매장 외관과 브랜드 사이니지 등은 공통적으로 화이트로 깔끔하게 꾸몄다. 실내는 애플플라이ApplePly라는 나무와 밝은 조명으로 깨끗함을 강조했고 에버레인 특유의 유러피안 스타일의 미니멀리즘도 느껴졌다. 매장 인테리어와 마찬가지로 에버레인의 옷들은 디자인이 심플하다. 아이템도 티셔츠와 청바지, 스웨터 등 기본적인 것들이며 색상 역시 무채색과 파스텔톤 위주로 과하지 않아 쉽게 질리지 않고 오랫동안 입을 수 있다. 면과 모의 거친 느낌이 살아있어 자연주의 느낌도 든다.

에버레인 매장이 다른 친환경 브랜드는 물론 일반 패션 매장들과 가장 다른 점은 바로 최첨단 기술 기반의 디지털이 결합되어 있다는 점이다. 웹사이트에 입력한 고객 정보, 또는 매장에서 가입한 정보를 통합한 ID시스템을 만들어, 지갑 없이도 쇼핑이 가능한 환경을 제공한다.[17] 예를 들어 온라인에서 구입한 상품을 환불하기 위해 매장을 방문할 때도 옷만으로 본인 확인이 가능하고 본인 확인 절차를 거친 이후에는 다른 아이템으로 교환할 수도 있다. 또한 음식 배달 서비스 포스트메이츠Postmates와 파트너십을 맺고 1시간 안에 옷을 배달하는 온디맨드on-demand 서비스를 운영하기도 했다.

가장 최근에 오픈한 브루클린 지역 윌리엄즈버그 매장은 400제곱미터 규모로, 기존 뉴욕 매장보다 두 배 정도 크다.[18] 2층 건물이고 남성복을 단독 층으로 구성했다. 피팅룸도 12개나 있다. 또한 전 품목을 진열하지 않고 베스트셀러와 기본 컬러 중심으로 디스플레이를 해놓아 여유로움이 느껴진다. 이곳의 특징 중 하나는 "내 자리 남겨주세요Save my

피팅룸 대기 중에 차례가 되면 문자를 받을 수 있는 에버레인 윌리엄즈버그 매장의 SMS 서비스(위)와 음식 배달 업체와 협력하여 제공한 배달 서비스(아래).

Spot"라는 디지털 서비스다. 사람 많은 매장에서 쇼핑해본 사람이라면 피팅룸 앞 긴 줄에 서서 차례를 기다리는 게 얼마나 짜증나는 일인지 잘 알 것이다. 이 매장은 고객의 이런 고충을 디지털 줄 서기라는 서비스로 해소했다. 매장에서 자유롭게 구경을 하다가 내 차례라는 문자가 오면 그때 피팅룸에 들어가면 된다.

에버레인의 또 다른 차별점은 트렌디한 스타일을 연출할 수 있도록 세심한 스타일링 서비스를 제공한다는 것이다. 매장 오픈 전인 오전 9~11시 사이에 뉴욕과 샌프란시스코 매장에서는 1시간짜리 개인별 스타일링 세션이 진행된다. 온라인을 통해 미리 받고자 하는 도움과 몇 가지 정보를 입력하고 예약 시간에 맞춰 매장에 가면 개인 피팅룸에 온라인 신청 시 요청한 음료가 준비되어 있다. 그리고 할당된 1시간 동안 스타일리스트가 함께 매장을 섹션별로 돌아보면서 어떤 스타일이 잘 어울리는지 알려주고 방문 전 미리 입력한 정보를 참고해 스타일링 제안도 해준다. 구입을 원하는 제품은 곧바로 구입할 수도 있다. 중저가 브랜드임에도 이러한 인-스토어 서비스로 VIP가 된 듯한 기분을 선사해준다. 온라인 서비스로는 결코 경험할 수 없는 만족감을 느낄 수 있다.

◆ 리:스토어 컨설팅 ◆
쿨하고 트렌디한 친환경 매장을 만들려면

친환경은 사회적으로도, 개인적으로도 중요한 이슈로 자리 잡을 것이다. 친환경을 표방하는 브랜드뿐 아니라 기업의 사회적 책임CSR과 윤리적 소비 개념은 앞으로 더 중요한 기업의 책임으로 주목을 받을 것이다. 앞서 소비자 조사 결과 등을 언급한 데서도 친환경이 Z세대를 포함한 젊은 소비자들에게 중요한 이슈라는 점을 확인할 수 있다. 하지만 많은 기업들이 흔히 오해하는 것이 있다. "우리 회사/우리 상품은 친환경적이다"라는 메시지를 전달하면 소비자들이 구매로 답할 것이라는 기대다. 그리고 친환경과 관련한 소통에서 오프라인이 온라인보다 더 효과적임에도, 지금까지 친환경 브랜드의 매장 경험은 윤리적 소비에 대한 메시지 이외에 별다른 특별함을 제공하지 못했다.

향후 친환경을 강조하는 상품이나 매장 경험은 기존 매장들과 다른 특별함이 있어야 한다. 친환경을 트렌디하게 만드는 전략의 가장 기본은 첫째, 친환경을 중심 메시지가 아닌 서브 메시지로 활용하는 것이다. 친환경과 지속가능성을 강조하는 리테일러들은 오프라인 매장에서 상품을 주 메시지로, 브랜드의 미션은 서브 메시지로 소통해야 한다. 로시스 매장 앞에서 대기하면서 엿들었던 소비자들 간의 대화를 상기해보자. "신발이 너무 편해요"가 주 메시지이고, "그런데 페트병으로 만

리:스토어 _ 언택트 시대, 오프라인 기업들의 8가지 진화 전략

252

들어 친환경이래요"가 서브 메시지였다. 소비자의 입장에서는 상품이나 서비스에 대한 만족이 우선이고 친환경은 그다음 문제라는 것에 주목해야 한다. 기업의 사회적 책임과 윤리적 소비를 오랫동안 연구하고 관심 있게 지켜본 필자는 이러한 접근이 친환경 속성을 가진 브랜드들의 주요 오프라인 매장 전략이 되어야 한다고 생각한다. 즉, 친환경을 표방하는 브랜드와 매장은 친환경을 강조하며 소비자의 이성에 소구하는 것보다 고객이 제품 품질이 뛰어나고 트렌디하다고 여기게끔 만드는 전략을 구사할 필요가 있다.

사실 이는 최근에야 시도되고 있는 접근방식이다. 요즘 친환경 브랜드들은 상품의 기능을 먼저 제시하고 친환경을 플러스알파로 언급하곤 한다. 도요타 자동차의 프리우스Prius가 그 좋은 사례다. 2010년 초에는 프리우스에 대해 친환경을 강조하는 커뮤니케이션이 많았다. 그러나 최근 광고에서는 차의 내구성과 성능을 먼저 강조한 후 친환경을 제시하거나 혹은 아예 친환경에 대한 언급을 빼고 차의 성능만 강조하기도 한다.

소비자 연구 결과들도 친환경을 대대적으로 강조하는 광고 전략이나 기업 메시지가 의외의 역효과를 낸다는 것을 보여준다. 일례로 "우리 기업은 사회를 생각한다", "우리 기업은 친환경 기업이다"라는 메시지를 전면에 내걸면 그 메시지를 마케팅 전략이라고 보는 시각이 우세해진다는 것이다. 또 친환경을 강조하는 상품이 일반 상품보다 유능감competence이 떨어진다고 여기는 소비자들도 있다고 한다. 즉 친환경에 집중하느라 오히려 상품 내구성이나 기능에는 신경을 덜 쓴다는 식의 편견으로 이어지기도 한다는 것이다.

둘째, 매장 내에서는 소비자에게 세련되고 세심한 서비스를 제공해야 한다. 친환경이 중요한 메시지라도 매장 내에서의 경험이 만족스러워야 한다. 로시스는 온라인에서 인기 있는 모델과 오프라인 독점 모델만 작은 오프라인 매장에 진열해놓는다. 마치 명품 브랜드처럼 매장에는 한정된 수의 고객만 들이고 일대일 밀착 서비스를 제공한다. 에버레인이 도입한 디지털 시스템 '세이브 마이 스팟'도 고객의 불편을 해소하기 위한 조치이며, 1시간짜리 스타일링 서비스도 고객이 VIP가 된 듯한 기분을 만끽하게 하기 위한 것이다. 다시 말해 친환경 브랜드라도 매장에서 세련되고 편리한 서비스를 경험할 수 있어야 고객이 매장을 재방문할 것이다.

마지막으로, 장기적인 관점에서 친환경 브랜드의 진정성을 꾸준히 구축해나가야 한다. CSR과 친환경, 지속가능성 관련 클레임에서 가장 어렵고도 중요한 문제는 브랜드의 노력이 진정성 구축으로 연결되어야 한다는 것이다. 파타고니아가 월스트리트 금융맨들이 열광하는 브랜드가 될 수 있었던 것도, 로시스, 올버즈, 에버레인이 인기를 얻을 수 있었던 것도 친환경에 대한 굳건하고 확실한 브랜드 미션을 꾸준히 지켜왔기 때문이다. 에버레인의 경우 '구체적'인 정보들을 통해 브랜드의 진정성에 힘을 더한다. 마케팅용이 아니라 실제로 비용 구조와 공장 직원들의 모습을 그대로 공유하기 때문이다. 에버레인의 브랜드 미션은 "이

례적일 정도로 뛰어난 퀄리티Exceptional quality, 윤리적으로 운영되는 공
장Ethical factories, 급진적 투명성Radical Transparency'의 세 가지 측면을 강조
한다. 추상적으로 들릴 수 있는 급진적 투명성에는 윤리적 공정, 상품
의 실제 비용 등을 상세히, 그리고 정직하게 소비자들에게 공개하는 것
도 포함된다. 에버레인의 웹사이트에는 의류생산 비용과 마진 등이 구
체적으로(재료+노동비+이동비+관세=실제 총 비용) 명시되어 있다. 또한 코로
나19 사태가 터지자 에버레인은 웹사이트를 통해 오프라인 매장, 온라
인, 협력사 공장, 그리고 그 공장의 직원들을 어떻게 관리하고 안전과
건강에 어떻게 힘쓰고 있는지 등을 자세히 공유했다. 42명의 임시직 직
원을 떠나보냈다는 것 등의 정보도 함께 공개했다. 그리고 마지막으로
사과의 말을 덧붙여놓았다. "우리는 (직원을 떠나보낸 것에 대해) 잘못된 일
이라고 여기는 사람들에게 진심으로 미안하다는 말씀을 전합니다We

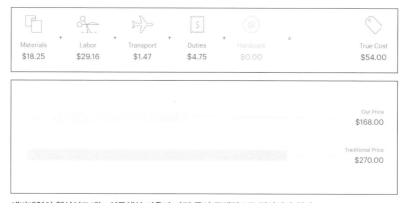

에버레인의 웹사이트에는 의류생산 비용과 마진 등이 구체적으로 명시되어 있다.

sincerely apologize to anyone who felt wronged in this process." 그만큼 다양한 각도에서 사회적 책임을 고려하는 기업이라는 것을 알 수 있다.

올버즈도 B Corps(사회적·환경적 영향에 대한 높은 기준을 만족시키는, 자발적인 지속가능성 노력에 관한 인증) 기업이다. 올버즈는 지금까지 상품 디자인과 소싱 등에서의 노력뿐 아니라 2025년까지 카본 뉴트럴 공급망 사슬을 완성한다는 계획과 중고 거래를 활성화해 자원의 낭비를 줄이는 노력을 추진 중이다.[19] 올버즈는 진정성 있는 자세로 친환경을 당면한 과제로 정의했고, 그 친환경을 트렌디한 콘셉트로, 그리고 매장에서 경험 가능하도록 디자인했다.

결국 오프라인 공간을 통해 소비자들이 상품의 품질과 특성, 기업의 철학을 직접 느낄 수 있는 계기와 환경을 제공하고, 친환경 자체를 트렌디한 요소와 결합시켜, 매장에서 '세련되고 쿨한 친환경'을 경험하게끔 해야 한다. 장기적인 비전으로 꾸준히, 정직하게, 어려운 상황에서도 투명하게 소비자들과 소통하며 브랜드 진정성과 신뢰를 쌓아야 한다.

CHECK POINT

───────── ❶ ─────────

'우리는 환경을 소중하게 생각한다'라는 메시지에
소비자들이 구매로 답할 것이라는 기대는 금물이다.

───────── ❷ ─────────

매장에서는 품질의 우수성을 주 메시지로,
친환경을 서브 메시지로 전해야 한다.

───────── ❸ ─────────

친환경 메시지의 바탕에는 세련되고 스타일리시한 인테리어, 오브제,
디지털 서비스는 물론 세심한 고객 서비스가 뒷받침되어야 한다.

───────── ❹ ─────────

친환경에 대한 확고한 방향을 제시하고, 구체적인 실천을 통해
소비자와의 장기적인 신뢰를 구축해야 한다.

마무리
하며

오프라인의 미래 앞에서

시작하는 스타트업의 마음으로

포춘 선정 500대 기업 순위의 변화를 살펴보면 몇 가지 트렌드가 보인다. 다음 쪽의 2013년, 2017년, 2020년 500대 기업 랭킹에 따르면 제조사의 비율이 줄어들고 리테일러 비율이 늘어난 것을 알 수 있다. 월마트는 꾸준히 1위를 차지하고 있고, 코스트코, CVS헬스 같은 리테일러들이 부상했다. 그리고 2013년에는 없던 아마존이 2017년 12위, 2020년 2위로 부상했다. 이러한 트렌드는 3년 뒤 어떻게 바뀔까?

2020년 들어 니만마커스, 포에버21, 허츠, 브룩스 브라더스의 파산

뉴스들을 접하고 맥없이 쓰러져가는 오프라인 기업들을 보면서 안타까운 마음을 금할 길이 없었다. 그러나 오프라인의 종말에 대한 전망은 더 위협적으로 대두할 것이다. 특히 한국에서 오프라인 리테일의 위기감이 더 크게 느껴지는 이유는, 온라인의 비율이 약 16~17%를 차지하

■ **포춘 선정 500대 기업 순위**[1,2,3] ■

	2013년	2017년	2020년
1위	월마트	월마트	월마트
2위	엑슨모빌	버크셔 해서웨이	아마존
3위	셰브런	애플	엑슨모빌
4위	필립스	엑슨모빌	애플
5위	버크셔 해서웨이	맥케슨	CVS 헬스
6위	애플	유나이티드헬스 그룹	버크셔 해서웨이
7위	제너럴 모터스	CVS 헬스	유나이티드헬스 그룹
8위	제너럴 일렉트릭	제너럴 모터스	맥케슨
9위	발레로 에너지	AT&T	AT&T
10위	포드 자동차	포드 자동차	아메리소스버진
11위	AT&T	아메리소스버진	알파벳
12위	패니 메이	아마존	포드 자동차
13위	CVS 케어마크	제너럴 모터스	시그나
14위	맥케슨	버라이즌	코스트코
15위	휴렛팩커드	카디널 헬스	셰브런

는 미국에 비해 한국 시장은 온라인이 차지하는 비율이 40%에 육박하고 그중 모바일이 차지하는 비율이 65%에 이를 정도로 온라인과 모바일의 비중이 다른 선진국들보다도 더 높기 때문이다. 심지어 코로나19가 한창 기승을 부려 외출이 거의 금지되었을 때는 온라인 쇼핑 비중이 60%까지 높아졌다고 한다.[4]

우리가 맞이한 변화는 코로나19 이전에 진행되고 있던 언택트로의 이동이 코로나19를 매개변수로 더 빨라졌기 때문이고, 이런 사회적 변화가 고객의 생각과 행동방식에 변화를 일으켰기 때문이다. 게다가 기술 발전 등으로 인해 기존의 성공방식은 더 이상 유효하지 않으므로, 지금까지의 업계 1등, 점유율 1등, 매출 1등이라는 과거의 모습에서 벗어나 새롭게 시작하는 스타트업의 마음가짐을 다져야 할 시점이다. 변화의 절실함이 그 어느 때보다 크고 미래를 위한 변화가 필수적인 현실이 되었다.

그 변화의 시작인 리:스토어의 출발점은 근본적으로 "고객이 찾아오는 매장, 고객의 시간을 점령하는 매장을 어떻게 만들 것인가?"라는 질문이었다. 점차 줄어드는 오프라인 공간에서 어떤 특별한 경험으로 고객을 공간의 주인공으로 만들고, 어떻게 다시 매장을 찾게 할 것인지 스스로에게 질문해야 한다. 이 책에서 제안하는 리:스토어 전략(오프라인 매장에서의 경험의 혁신innovation)이라는 단어가 주는 무게감은 크지만, 사실 그 핵심은 새로운 가치를 제공하는 것이다. 그 혁신의 가치를 카테고리화하면 다음 그림과 같이 표현할 수 있다.

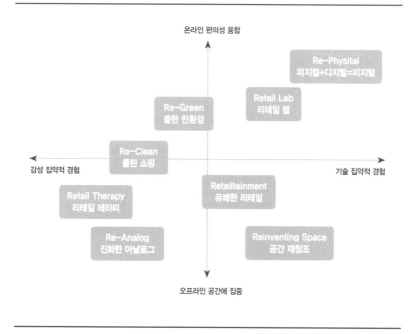

직원은 전문성을 갖춘 도슨트로,
기업은 피플 애널리틱스를 도입해야

앞서 논의했던 오프라인 전략에서 전제되어야 할 것은 사람과 디테일의 중요성이다. 앞으로 매장은 줄어들 것이고, 매장 내 직원 역시 줄어들 것이다. 부정할 수 없는 미래다. 대신 직원의 역할이 오프라인 매장의 생존에 더 중요한 영향을 미칠 것이다. 고객이 원하는 것은 굳이 시간을 내어 방문한 매장에서 1) 자신이 원할 때, 2) 그 시점에서 필요한 정보다. 그 니즈를 만족시키기 위해 앞으로 직원은 단순한 판매원이 아니라 매장에 진열된 상품에 대한 지식이 해박한 '도슨트'가 되어야 한다. 구입(판매)이 아니라 상품이 가진 의미를 고객에게 해석해주는 도슨트 말이다. 동시에 마스터master이자 에듀케이터educator가 되어야 한다.

경기도 이천에 있는 시몬스 테라스에서는 '슬립 마스터Sleep Master'라고 불리는 직원들이 의사처럼 하얀 가운을 입고 고객의 수면 성향을 파악해 '인생 매트리스'를 찾아준다. 슬립 마스터들에게서는 잠과 관련된 어떠한 질문도 대답할 수 있을 것 같은 전문성이 느껴진다. 물론 오랜 역사를 지닌 시몬스의 브랜드 스토리와 체험, 전시 등의 경험도 매력적이다. 결국 매장을 방문한 개인이 느끼는 경험과 도슨트 역할을 하는 직원들이 어우러져야 의미 있는 공간 방문이 될 수 있다. 따라서 직원들이 콘텐츠를 전달할 수 있는 역량을 키우는 것이 중요하다.

직원의 도슨트화는 모든 기업과 개인에게 도전이자 어려움을 의미하기도 한다. 이제는 전문성을 가진 사람만이 살아남는 치열한 환경이 되었다. 이 변화는 피할 수 없는 현재이고 미래다. 게다가 코로나19는 노동계급의 분화를 초래할 것이라는 전망도 있다. 캘리포니아 대학 버클리캠퍼스의 로버트 라이시Robert Reich 교수는 칼럼[5]에서 코로나19의 대유행이 미국 사회 내 새로운 계급의 분열과 불평등을 조명한다는 점

경기도 이천에 위치한 시몬스 테라스에서 도슨트 역할을 하는 슬립 마스터.

을 지적했다. 라이시 교수는 위기에 직면한 사람들을 다음의 4계급으로 분류했다.

- 원격 근무가 가능한 노동자The Remotes : 전체 노동자의 35%에 해당하는 이들로, 전문직과 관리직, 기술인력으로 노트북으로 장시간 업무를 하고 화상회의가 가능하며 전자 문서를 다룰 수 있는 사람들. 코로나19 이전과 동일한 임금을 받고 다른 세 계급에 비해 이 위기에서 안전한 계급

- 필수적인 일을 하는 노동자The Essentials : 30%에 해당하는 사람들로 의사, 간호사, 육아 노동자, 재택 노동자, 음식 배달원, 약국 직원 등 위기 상황에서 꼭 필요한 일을 해내는 인력. 위험수당을 받을 만하며 일자리를 잃지 않지만 코로나19 감염 위험 부담이 뒤따르기 때문에 고용주가 필수적인 보호 장비를 제공해야 함

- 임금을 받지 못한 노동자The Unpaid : 이 위기 속에서 임금을 받지 못한 노동자들을 의미하며 실직자 그룹보다 더 큰 규모로 25%를 차지할 수 있음. 리테일 소매점, 제조업체 직원들처럼 원격 근무가 불가능하기 때문에 코로나19 사태로 무급휴가를 떠나거나 직장을 잃은 사람들이며, 이동제한 조치로 인한 경제적 피해가 가장 크고, 그로 인해 경제 재개에 대한 요구가 가장 큰 그룹

- **잊혀진 노동자**The Forgotten: 이민자 수용소, 노숙인 시설, 원주민/이주민 등을 포함. 물리적으로 거리두기가 불가능한 공간에서 지내기 때문에 코로나19 감염 위험도 가장 높음

물론 미국 상황에 기반해 계급화한 것이지만 라이시 교수에 따르면 리테일 종사자는 직장을 잃을 가능성과 코로나19로 인한 경제적인 피해를 입을 가능성이 가장 크다. 코로나19로 인해 사회적 계급이 분열된다는 것은 안타까운 일이지만 전문성을 쌓지 않는다면 이런 위기가 닥칠 때 더 큰 위험을 겪을 수 있다. 매장을 기획하건, 상품을 판매하건, 고객 서비스를 담당하건, 각자의 분야에서 '나보다 더 잘할 수 있는 사람은 없다'라는 신념으로 전문성 쌓기에 몰두해야 한다. 뷰티 브랜드 글로시에의 오프라인 에디터나, 다이슨의 스페셜리스트 어시스턴트, 시몬스의 슬립 마스터처럼 말이다.

직원의 도슨트화는 리테일러의 인재 고용과 트레이닝과도 맞물려 있다. 사람 수는 적더라도 전문성을 갖춘 인력을 얻기 위해서이고, 기술이 강해질 미래지만 결국 비즈니스의 핵심 역할은 사람이 하기 때문이다. 그런 면에서 《하버드 비즈니스 리뷰Harvard Business Review》에서 다뤘던 피플 애널리틱스People Analytics도 고려해보면 도움이 될 것이다. [6] 피플 애널리틱스는 사람의 행동과 관계, 특징들을 분석해 비즈니스 결정에 데이터를 사용하는 전략을 말한다. 직원 고용에 가장 많이 이용되고, 성과 평가와 보상은 물론 팀과 팀원들의 번아웃 가능성을 예측하고

문제를 미리 방지하는 데 활용되기도 한다. [7]

영국의 다국적 컨설팅그룹 딜로이트 Deloitte의 조사에 의하면, 피플 애널리틱스가 주류로 부상하고 있지만 기업의 8%만이 피플 애널리틱스에 필요한 데이터를 가지고 있고, 9%만이 자신의 조직에서 중요한 성과를 내는 인력을 제대로 파악하고 있는 것으로 나타났다. [8] 피플 애널리틱스를 이용해서 인공지능이 대체할 인력들과 새로운 트레이닝이 필요한 직원들을 파악해 적재적소에 배치하고 필요한 트레이닝을 제공하는 등의 접근이 필요하다. 기업의 입장에서는 새로운 직원을 뽑는 것보다 비용이 적게 들고, 직원의 입장에서는 기업에 대한 로열티가 높아질 수 있다는 장점 때문이다. 물론 직원들에게 필요한 교육을 제공해야하고 그 과정에서 기업의 비전을 공유해야 한다. 매장 트레이닝의 경우 월마트는 2020년 7월 직원들이 보다 더 효율적으로 고객들을 도울 수 있도록 '샘에게 물어봐Ask Sam'라는 챗봇·앱을 제공할 예정이라고 밝혔다. [9] 이렇게 마켓을 선점하는 리테일러들도 직원 트레이닝과 고객 경험을 위해 끊임없이 새로운 시도들을 하고 있다.

"리테일은 디테일이다!"

언택트 시대에도 우리는 종종 산책 가듯, 놀러가듯, 또는 뚜렷한 목적을 위해 오프라인 매장을 찾을 것이다. 모빌리티 디바이스가 쇼룸의 역할을 하는 시대가 되었다지만 오프라인 매장들은 숫자는 줄어들더라도 사라지지는 않을 것이다. 다만 자신만의 고유한 영역과 강점으로 변수를 만들어내는 매장만이 살아남을 것이다.

이런 변화의 시기에 현실을 직시하고, 자신의 리테일 브랜드와 매장이 어떤 위치에 있는지 현실적으로 진단해야 한다. 소비자가 '굳이' 스마트폰과 다른 매장 대신 당신의 매장에 방문해야 하는 이유를 어떻게, 어떤 디테일로 제공할 것인지 고민해야 한다. 그것은 당신이 원하는 상품과 서비스가 아닌, 당신의 고객이 원하는 상품과 그들에게 관련성 있는 서비스여야 한다. 8가지 전략으로 다양하게 이야기했지만 결국 핵심은 오프라인 매장에서의 주인공은 고객이며, 그 주인공이 만족할 수 있는 경험을 제공해야 한다는 것이다.

온라인과 차별화되고 다른 오프라인과 차별화된 디테일을 찾아내기 위해 가장 먼저 시작해야 할 것은 당신의 소비자, 그들의 라이프스타일을 다시 정확하게 이해하는 것이다. 복잡하고 새로운 소비자들을 자신의 매장으로 유입시기 위해서는 먼저 고객을 관찰하고 질문해야 하고, 데이터를 통합해 그들을 통합적으로 이해해야 한다. 그리고 기업, 브랜드, 매니저, 마케터가 주인공이 아닌 고객이 주인공이 되는 경험, 그러한 차별화된 경험을 제공하기 위한 디테일에 관심을 가져야 한다.

"리테일은 디테일이다"라는 말은 앞으로 오프라인 매장들에게 더 중요할 것이다. 단독 매장을 운영하는 자영업자에서 수많은 매장을 운영하는 대기업들까지 규모에 상관없이 지금까지의 위치를 버리고 스타트업처럼 새로운 열정으로 무장하는 한편, 자신을 마케터나 MD, 매니저가 아닌 소비자의 위치에 놓고 그 시각에서 바라보자. 그 디테일을 알기 위해 매장에서 소비자를 직접 관찰하는 것도 중요하다. 마케터, 기획자, MD 등이 종종 매장에서 직접 고객과 만나는 노력이 필요하다.

맥도날드의 사례를 살펴보면, 그들은 밀크셰이크 판매를 늘리기 위해 더 다양한 맛과 컵 사이즈 등으로 변화를 주는 등 대대적인 마케팅을 진행했음에도 판매 증가가 미미했다. 이에 맥도날드는 하버드대학 교수 클레이튼 크리스텐슨Clayton Christensen에게 컨설팅을 의뢰했다. 교수와 연구팀은 며칠간 매일 10시간씩 맥도날드 매장에서 죽치고 앉아 누가 언제 밀크셰이크를 사 가는지 관찰했다고 한다. 그랬더니 맥도날드가 생각한 바와 달리 40%가 오전 8시 반 전에, 출근하는 성인 남성이, 대부분 밀크셰이크 하나만 사서 들고 갔다. 즉 성인 남성들이 통근 시간에 바나나나 도넛, 커피 대신 걸쭉한 밀크셰이크를 사갔고, 그것을 구입한 이유는 지루함과 허기를 달래주기 때문이라는 것을 알게 되었다.[10] 반면 오후에는 엄마와 자녀가 밀크셰이크의 주 고객이었는데, 아이들이 뻑뻑한 질감 때문에 마시기 힘들어한다는 것을 알게 되었다. 그래서 오전에 판매하는 밀크셰이크는 더 오래 마실 수 있도록 좀 더 뻑뻑하게 만들고 과일을 첨가해 씹는 재미도 주었고, 오후에 판매하는 아동용 밀크셰이크는 약간 묽게 만들었다. 이 변화로 맥도날드는 밀크셰이크 판매량을 7배나 늘렸다고 한다.[11] 즉 소비자들이 구매하는 '목적(do a job)'을 명확히 알면 소비(hiring)를 이끌어낼 수 있다는 것이다. 이 사례는 상품에 관련된 케이스지만 리테일 매장도 마찬가지다.

이렇게 직접 관찰하는 아날로그적인 방법 이외에도 정교하게 발전한 디지털 애널리틱스Digital Analytics를 이용해 소비자의 디테일한 행동을 잡아내기도 한다. 최근 들어 고객 데이터의 종류와 범위가 굉장히 방대해졌는데, 많은 사람들이 매장 역시 디지털 고객 데이터를 축적할 수 있다는 사실을 간과한다. 이미 많은 오프라인 매장에서는 고객 이동 동선은 물론 상품 접촉 여부를 데이터화하고 이를 마케팅에 적용하는 기술을 선보이고 있다.

2020 NRF 리테일 빅쇼에서 스타트업 베아BEA는 천장과 벽에 부착된 센서로 고객의 움직임을 스캔하고, 고객과 상품의 인터랙션을 데이터화하는 기술을 선보였다. 예를 들어 하루 동안 매대에 전시된 상품 A를 언제 어떤 고객이 어떻게 집어서 보았는지 분석하여 매출과의 상관관계를 밝히는 것이다.

또다른 기술 스타트업 캐플러 애널리틱스Kepler Analytics는 매장에 들어오지 않더라도 매장을 지나치는 사람, 매장에 들어왔다가 몇 분 안에 나가는 사람, 매장 고객 중 피팅룸으로 들어가는 사람의 비율 등을 다양한 데이터 트래킹 서비스로 제공한다. 팝콤Popcom은 매장에 들어온 고객의 나이와 기분을 분석한 데이터를 구매와 연결시키는 기술을 선보였다. 완벽하지는 않았지만 안면 인식 기술을 이용해 고객의 표정을 읽어내고 마케팅에 활용하는 기술이 인상적이었다.[12] 이렇게 발전된 기술 덕분에 고객 데이터와 마케팅의 연결성이 더욱 강화될 수 있었다. 물론 디지털 애널리틱스를 접목할 때는 소비자 개인정보 보호에 유념해야 할 것이다.

디지털에 묻혀 살아가는 우리에게 아날로그 감성을 새롭게 전달하는 것도 중요하고 쇼핑의 편의성도 중요하지만, 코로나19를 겪으면서 클린과 위생, 안전의 중요성도 커졌다. 독특한 경험, 테라피로서의 소비 니즈도 늘어났다. 혁신은 다른 데 있는 것이 아니다. 리테일 매장에서 왜 소비자가 매장에 방문하는지, 어떤 상품과 경험을 원하는지 면밀히 관찰하고 어떤 목적이 제일 중요한지를 정확하게 이해해, 그런 관찰과 이해를 오프라인 경험을 디자인하는 데 적용한다면 그곳에 혁신이 있다. 작은 디테일 하나로도 고객의 마음에 감동을 줄 수 있다. 그 디테일에 대한 기민함을 높이기 위해 자기만의 세계에 묻히지 말고 더 넓은 세상과 글로벌 동향에도 관심을 기울여야 한다.

2004년 사스 위기 때 중국의 알리바바가 전 세계에 두각을 드러냈다. 앞으로 누가 코로나19 위기 속에서 탄생한 유니콘이 될지 모른다. 즉 지금이 기회일 수 있다. 어려운 상황이지만 이미 다가온 위기를 변화의 기회로 바꿀, 새로운 질서 속에서 기회를 잡는 발걸음을 내디뎌보자.

주

서장 │ 리:스토어(Re:Store) - 오프라인 매장의 본질과 새로운 진화 ••••••••••••••••••••••••••

1   강승태, 반진욱, "[코로나가 바꾼 일상] (2) ⋯ 등산은 혼산·둘산", 《매경이코노미》 제2054
    호, 2020.04.

2   Daniel Solomon, "Coronavirus Global Economic Outlook: July 2020", *Euromonitor*,
    2020.

3   "Grocery delivery app download growth due to coronavirus (COVID-19) pandemic in
    the United States as of March 2020", *Statista*, 2020.

4   Willem Roper, "COVID Accelerates Declining Retail Industry", *Statista*, 2020.5.19.

5   Abha Bhattarai, "'Retail apocalypse' now: Analysts say 75,000 more U.S. stores could be
    doomed.", *The Washington Post*, 2019.4.10.

6   Daniel Keyes, "A new high of over 9,300 stores closed in the US in 2019, almost double
    the number that closed in 2018", *Business Insider*, 2020.1.7.

7   Kim Bhasin, "As Many as 25,000 U.S. Stores May Close in 2020, Mostly in Malls",
    Bloomberg, 2020.6.9.

8   Suzanne Kapner and Sarah Nassauer, "Coronavirus Finishes the Retail Reckoning That
    Amazon Started", *The Wall Street Journal*, 2020.5.14.

9   전영선, "이마트 창사 이래 첫 적자 났다⋯ 2분기 300억원 영업 손실", 《중앙일보》,
    2019.8.9.

10 정열, "유통 침체 본격화하나⋯2분기 줄줄이 적자 전망", 《연합뉴스》, 2019.7.23.

11 김기정, 김태성, 박대의, "'유통 메기' 쿠팡 매출 7조 돌파⋯ 적자 4천억 줄이며 깜짝실적",
    《매일경제》, 2020.4.14.

12 Jessica Young, "US ecommerce sales grow 14.9% in 2019", *Digital Commerce 360*,
    2020.2.19.

13 Matt Day and Spencer Soper, "Amazon U.S. Online Market Share Estimate Cut to 38%

From 47%", *Bloomberg*, 2019.6.14.

14   Jasmine Wu, "Gen Z shopping habits can fuel a brick-and-mortar resurgence, report says", *CNBC*, 2019.9.17.

15   Glenn Geller, "Gen Z's Retail Eye: They Love Brick-And-Mortar Shopping", *MediaPost*, 2019.4.8.

16   "ICSC Report: How Bricks Impact Clicks", *Admiral Real Estate Services*, 2019.

17   Jasmine Wu, 위의 기사.

18   Karla Fernandez Parker, "Generation Z Speaks Their Minds", *MediaPost*, 2017.8.30.

19   Susan Meyer, "The History and Evolution of Retail Stores: From Mom and Pop to Online Shops", *Big Commerce*, 2020.

20   Susan Meyer, 위의 기사.

21   Joyce Chepkemoi, "First Shopping Malls in the United States", *World Atlas*, 2017.5.8.

22   "How Big are Big-Box Stores?", *ILSR*, 2008.12.23.

23   Rimma Kats, "For Many Consumers, the In-Store Shopping Experience Still Has Flaws", *eMarketer*, 2020.2.14.

1장 | Retail Therapy : 리테일 테라피 ••••••••••••••••••••••••••••••••••••••

1   Garg, Nitika, and Jennifer S. Lerner, "Sadness and consumption." *Journal of Consumer Psychology* 23, no. 1 (2013): 106-113.

2   Atalay, A. Selin, and Margaret G. Meloy, "Retail therapy: A strategic effort to improve mood." *Psychology & Marketing* 28, no. 6 (2011): 638-659.

3   Sheth, Jagdish N., Bruce I. Newman, and Barbara L. Gross, "Why we buy what we buy: A theory of consumption values." *Journal of Business Research* 22, no. 2 (1991): 159-170.

4   Kurt Schlosser, "Welcome to Amazon's jungle: Inside the Spheres, where 40,000 plants create a stunning urban oasis", *GeekWire*, 2018.1.26.

5   https://www.amore-seongsu.com/about/about

6   정희원, "'아모레 성수' 오픈 한달… 벌써 '뷰티 핫스폿' 됐네", 《스포츠월드》, 2019.11.11.

7   Yoram Wurmser, "US Time Spent with Mobile 2019: Smartphones Gain Minutes, but New Challengers Emerge", *eMarketer*, 2019.5.30.

8　Bragazzi, N. L., & G. D. Puenete, "A proposal for including nomophobia in the new DSM-V" *Psychology Research and Behavior Management* 7 (2014). 155-160.

9　Jenny McGrath, "This 1,000-square-foot luxury tent costs more than some houses", *Digital Trends*, 2016.10.9.

10　Becky Worley, "How and why you should go on a digital detox vacation", *GMA*, 2019.8.6.

11　이한나, "숙박 큐레이션 플랫폼 '스테이폴리오' 이상묵 대표 -"한국 숙박업계 미쉐린가이드 기대하세요"",《매일경제》, 2019.10.27.

12　Darwin A. Guevarra, Ryan T. Howell., "To have in order to do: Exploring the effects of consuming experiential products on well-being." *Journal of Consumer Psychology* (2015). vol. 25, no. 1, 28 - 41.

13　Brendan Krisel and Patch Staff, "Foot Locker Opens New Washington Heights 'Power Store'", *Patch*, 2019.8.13.

14　Nicole Rupersburg, "How Foot Locker's Power Stores are Building Community", *RetailSpaces*, 2019.12.13.

15　이채영, "연남동의 로컬 문화 창조자 '어반플레이' 홍주석 대표",《우먼센스》 2020년 1월호.

16　http://otdcorp.co.kr/our-brand/seongsuyeonbang/

17　심영규, "성수연방",《아는 동네》, 2019.06.14. (https://www.iknowhere.co.kr/magazine/31441)

18　https://spacewadiz.com/#about

19　Jasmine Wu, "Gen Z shopping habits can fuel a brick-and-mortar resurgence, report says", *CNBC*, 2019.9.17.

20　Sarah Berger, "Glossier: How this 33-year-old turned her beauty blog to a $1 billion brand", *Make It*, 2019.3.20.

2장 | Retailtainment : 유쾌한 리테일 ●●●●●●●●●●●●●●●●●●●●●●●●●●●●●●●●●●●●●●●

1　"Number of participants in golf in the United States from 2006 to 2019", *Statista*, 2020.

2　Michael Baughman, "Why I'm cheering golf's steep decline", *HIGH COUNTRY NEWS*, 2017.4.13.

3　배소진, "6홀, 3홀에 나이트클럽 같은 골프장",《T Times》, 2019.10.17.

4 Steve Godberg and Freelanece Writer, "Forget WeWork. Topgolf Is Fast Becoming the Cool Place to Do Business: The company that reimagined the driving range as an interactive sports and business space is growing rapidly. It could even make golf popular again.", *Inc* 2018/2019 겨울호.

5 https://www.silveradoresort.com/experiences/experience-golf-tennis-swim

6 Kelsey Lawrence, "Why Won't Millennials Join Country Clubs?", *CITYLAB*, 2018.7.3.

7 토널(Tonal)은 네이버후드 굿즈 백화점(3장)에 입점된 브랜드로도 언급되었다.

8 Sanjana Shivdas and Devbrat Saha, "Peloton gets lockdown boost as home workouts drive exercise bike sales", *Reuters*, 2020.5.7.

9 Jaewon Kang, "No-Frills Gym Chain Bulks Up Thanks to Workout Boom", *The Wall Street Journal*, 2019.3.19.

10 Jaewon Kang, 위의 기사.

11 Sheila McClear, "Gymtimidation is real and 50% of Americans suffer from it", *Ladders*, 2019.3.28.

12 https://www.planetfitness.com/about-planet-fitness/pe-pf

13 Autumn Jones, "The Real Story Behind Planet Fitness Pizza Monday", Planet Fitness.

14 Jaewon Kang, 위의 기사.

15 "Apple Fifth Avenue: The cube is back", Apple, 2019.9.19.

16 Lee Peterson, "We Believe in Showroom Stores, So Does Dyson", *Wayfind*.

17 "Annual revenue of Dyson Ltd worldwide from 2010 to 2018", *Statista*, 2020.

18 Lee Peterson, 위의 글.

19 Lee Peterson, 위의 글.

20 임수정, "중국 백화점 디자인하는 한국 선글라스 브랜드: 'K패션' 대명사로 자리 잡은 젠틀몬스터", 《이코노미조선》 324호, 2019.11.18.

21 Pete Wells, "At Last, a Restaurant With That New-Car Smell", *The New York Times*, 2019.1.22.

22 "RESTAURANT REVIEW: INTERSECT BY LEXUS", *Eating Fabulously*, 2019.3.21.

23 "Gucci has opened a restaurant, museum and shop in Florence", *Harper's BAZAAR*, 2018.1.11.

24 "테니스 코트에서 버거 먹어요, 폴트버거", 《LUXURY》 2020년 7월호.

1 Phil Wahba, "McKinsey to Open First Ever Store At Mall of America", *Fortune*, 2019.9.27.

2 Marianne Wilson, "Consulting giant McKinsey & Company opens first-ever store-a lab for retailers", *CSA*, 2019.9.26.

3 베타(b8ta)도 코로나19 사태로 2020년 2~4월 사이 직원 중 250명을 해고할 수밖에 없는 상황을 맞았다. 코로나19로 가장 큰 피해를 입은 영역이 패션처럼 생활필수품이 아닌 영역인 터라, 필수재가 아닌 상품들이 중심인 베타도 위기에 직면할 수밖에 없었던 것이다. 그러나 이 상황은 비즈니스 모델 때문이 아니며, 장기적인 관점에서 오프라인 매장에서 베타 같은 실험적 성격의 리테일 랩은 더 중요해질 것이다. 스마트폰과 온라인에서는 경험할 수 없는 혁신적 상품 경험을 제공하는 덕분이다.

4 https://b8ta.com/sell

5 강인선, "#혼밥러聖地 #인스타그래머블 #유통실험실… '밀레니얼 요괴'의 기묘한 편의점", 《매일경제》, 2020.7.17.

6 참고로 한국 스타트업인 블랭크코퍼레이션의 '마약 베개', '퓨어썸 샤워기', '악어발팩'처럼 제품을 직접 만들지 않지만 일반인의 체험 평가를 직접 촬영하여 페이스북 같은 소셜미디어에 올리고, 이를 블랭크코퍼레이션의 홈페이지로 연결해 구매로 전환하는 모델은 미디어 커머스(media commerce)라고 부른다.

7 Caitlin Clark, "All the Cool Brands an Experiential, Dallas-Based Store is Bringing to Austin", *PAPERCITY*, 2020.3.5.

8 Dominic-Madori Davis, "Glossier's new partnership with Nordstrom proves the luxury department store remains a favorite for e-commerce brands looking to dabble in brick-and-mortar, even as other high-end retailers flounder", *Business Insider*, 2019.12.14.

9 Katie Tichards, "Inside Nordstrom's play for DTC brands", Glossy, 2020.1.24.

10 Andrew Lipsman, "Direct-to-Consumer Brands 2020", *eMarketer*, 2020.3.26.

11 "Diffusion's 2020 Direct-To-Consumer Purchase Intent Index", *Diffusion*.

12 Megan Rose Dickey, "b8ta unveils Shopify-like solution for retail stores", *TechCrunch*, 2018.4.11.

4장 | Reinventing Space : 공간 재창조 •••

1   Sam, "[미트패킹 디스트릭트] 맨해튼의 마장동? 축산물 공장지역에서 패션거리로!", *Koriny Times*, 2020.1.10.

2   인더스트리얼 디자인, 인더스트리얼 스타일 등이 혼용되어 쓰이는데, 흔히 말하는 산업디 자인과의 혼동을 막기 위해 이 책에서는 인더스트리얼 스타일로 통일해서 사용한다.

3   "The Original Hipsters", *Merriam-Webster*.

4   "[인사이드 EP.04] 홍대병에서 힙스터까지, 대체 '힙'이 뭐야?ㅠㅠ", 스브스뉴스, 2018.11.1. (https://www.youtube.com/watch?v=cbf_wKOf6GM)

5   Caleb Pershan, "Dandelion Chocolate Unveils Spectacular New Factory and Tasting Salon", *EATER*, 2019.4.16.

6   Brenna Houck, "Annie and the Chocolate Factory", *EATER*, 2019.9.12.

7   "Dandelion Chocolate Competitors, Revenue and Alternatives", *Growjo*.

8   손현지, "[피플]-홍동희 대림창고 갤러리 대표 "46년 전통의 대림창고, 50만 찾는 명소 만들 었죠."", 《스카이데일리》, 2016.9.29.

9   우세영, "아메리칸 컨트리 카페테리아 레스토랑 '더티트렁크'", 《식품외식경제》, 2019.11.11.

10 Timothy Latterner, "Moxy Chelsea Opens with Interiors by Yabu Pushelberg and Rockwell Group", *ADPRO*, 2019.4.11.

11 John Wheeler, "How to woo Gen Z travelers to your hotel in 2019", *Gen Z INSIGHTS*, 2018.12.5.

12 Clancy Morgan, "The world's biggest Starbucks just opened in Chicago - here's a look inside the 35,000-square-foot roastery", *Business Insider*, 2019.11.16.

13 Bharat Anand, *The Content Trap: A Strategist's Guide to Digital Change*, Random House Inc, 2016. [바라트 아난드, 《콘텐츠의 미래》, 김인수 역(리더스북, 2017)]

5장 | Re-Analog : 진화한 아날로그 •••

1   "[바이닐겉핥기] 판의 종류 1. LP? 바이닐? 뭐가 맞는 걸까", *Vinylnews*, 2017.4.18.

2   Felix Richter, "The Surprising Comeback of Vinyl Records", *Statista*, 2020.8.27.

3   "Generation Z have arrived!", *KAM Media*, 2019.11.20.

4   David Sax, *The Revenge of Analog: Real Things and Why They Matter*, PublicAffairs, 2016. [데이비드 색스, 《아날로그의 반격》, 박상현, 이승연 역(어크로스, 2017)]

5   Jeanette Settembre, "Eataly opening Italian food market in Silicon Valley", *FOX business*, 2019.12.17.

6   "Chicago's Eataly to Feature Lavazza Cafe", *Progressive GROCER*, 2013.11.26.

7   Di Pietro, Laura, Bo Edvardsson, Javier Reynoso, Maria Francesca Renzi, Martina Toni, and Roberta Guglielmetti Mugion, "A scaling up framework for innovative service ecosystems: lessons from Eataly and KidZania." *Journal of Service Management*(2018). Vol. 29 No. 1, pp. 146-175.

8   Carla Vianna, "Inside Japan Village, a Massive Food Hall Dedicated to All Things Japan", EATER, 2018.11.26.

9   Russell Redman, "Amazon finishes strong fiscal year with lackluster physical-store sales", Supermarket News, 2020.1.31.

10 "'미래형 이마트' 설계 본격 시동, 이마트타운 월계점 그랜드 오픈!", 〈신세계그룹 인사이드〉, 2020.05.07.

11 "National Beer Sales & Production Data", Brewers Association, 2019.

12 "National Beer Sales & Production Data", Brewers Association, 2019.

13 미국 수제맥주협회는 연간 생산량이 600만 배럴 이하의 규모에 외부 자본 비율 25% 미만 기준을 지킨 양조업자를 수제맥주 양조업자로 정의한다.

14 Bart Watson, "State Craft Brewery Growth Trends", Brewers Association, 2019.4.24.

15 "Craft Brewer Definition", Brewers Association.

16 https://www.wickedweedbrewing.com/

17 신희철, "'가치소비' 트렌드 확산 … 수제 맥주 시장 점유율 첫 1% 돌파", 《동아닷컴》, 2019.2.10.

18 https://www.myrealtrip.com/offers/63923

6장 | Re-Physital : 피지컬+디지털=피지털 ••

1   "RETAILER SPENDING ON AI TO GROW NEARLY FOURFOLD, REACHING $7.3 BILLION BY 2022", *Juniper Research*.

2   Dekimpe, Marnik G., Inge Geyskens, and Katrijn Gielens., "Using technology to bring

online convenience to offline shopping.", *Marketing Letters* (2019): 1-5.

3   시애틀에서 시작한 노드스트롬이 뉴욕에 정식 매장을 오픈한 것은 처음이어서 많은 주목을 받았다. 7층, 3만 제곱미터 규모의 매장에서 최고의 브랜드와 서비스 경험을 기대한 소비자들이 오픈 첫 주말에만 8만 5000여 명이 방문했다. 노드스트롬은 2019년에만 테크 기반 이니셔티브에 9억 달러(약 1조 800억 원)를 투자했다.(https://www.geekwire.com/2019/inside-nordstroms-new-7-story-flagship-nyc-store-digital-retail-meets-physical-brick-mortar/)

4   박용선, "롯데百 청량리점, 비대면 뷰티매장 '아모레스토어' 개장", 《조선비즈》, 2020.6.3.

5   Kurt Schlosser, "New digital pop-up store from Anko highlights retailer's innovative push in Seattle region", *GeekWire*, 2019.11.5.

6   Jeffrey Dastin, "Amazon launches business selling automated checkout to retailers", *Reuters*, 2020.3.9.

7   Bridget Goldschmidt, "Amazon Unveils Smart Cart for New Store", *Progressive GROCER*, 2020.7.14.

8   브루클린 기반 스마트 쇼핑 카트 스타트업.

9   "100호점 돌파한 바이셀프: 유/무인 복합 운영 모델 제시." 《리테일 매거진》, 2020년 4월호, p. 58-61.

10 위의 기사.

11 Jeffrey Dastin, 위의 기사.

12 Lauren Thomas, "Walmart just unveiled a new technology that could help defend its position as America's largest grocer", *CNBC*, 2020.1.9.

13 Cara Salpini, "Store Concept of the Year: Nordstrom Local", *Retail Dive*, 2019.12.9.

14 Kelly Tyko, "Will your local Starbucks close? Coffee giant says it will close 400 stores but expanding pickup options", *USA TODAY*, 2020.1.10.

15 Kim Jae-heun, "Starbucks Korea to strengthen IT service with 'My Starbucks Reward'", *The Korea Times*, 2020.2.19.

16 추인영, 곽재민, 문희철, 전영선, "코로나에 뜬 '5060 엄지족' … '라스트 마일' 유통 명운 가른다", 《중앙일보》, 2020.6.18.

17 Emma Cosgrove, "Walmart boosts stores' role in e-commerce fulfillment", *Supply Chain Dive*, 2020.2.19.

18   김은영, "'주문 후 1시간 내 배송' 롯데마트, 풀필먼트 스토어 개장", 《조선비즈》, 2020.2.26.

19   김현예, "스마트폰 주문·2시간 배송 … 마트 아닙니다, 전통시장입니다", 《중앙일보》, 2020.6.27.

7장 | Re-Clean : 클린 쇼핑 ●●

1   Rimma Kats, "Coronavirus Is Changing How Consumers Shop", *eMarketer*, 2020.3.10.

2   Alex Miranda, "COVID-19 Essentials pop-up offers in-demand supplies for pandemic in one place", *WSVN*, 2020.6.11.

3   노현섭, "계산대에 안심가드 올리고 … 카트 손잡이에 필름 두르고 … 이젠 위생쇼핑 시대!", 《서울경제》, 2020.5.25.

4   "유럽도 집어삼킨 '코로나19 팬데믹' 언택트/위생용품 소비 증가" 《리테일 매거진》, 2020년 4월호, p. 44-45.

5   위의 기사.

6   https://www.centralgroup.com/en/about-us/about-central-group

7   Kelly Tyko, "Will your local Starbucks close? Coffee giant says it will close 400 stores but expanding pickup options", *USA TODAY*, 2020.6.11.

8   고객 경험을 최우선시했던 스타벅스인 만큼 경험은 스타벅스 리저브 로스터리/리저브 매장에서 강화하겠다는 것이다. 즉 픽업과 경험의 어중간한 영역을 없애고, 그런 매장 2개 대신 경험을 위한 대형 매장과 소규모 픽업 매장을 오픈하는 방식으로 사업을 확장할 예정이다.

9   Adobe Analytics, "Curbside Pickup at Retail Stores Increase 208% During Coronavirus Pandemic", *SDC*, 2020.5.1.

10   Russell Redman, "Aldi to roll out curbside pickup to nearly 600 stores", *Supermarket News*, 2020.5.28.

11   "불확실성의 시대일수록 유통업 본연의 기능에 집중", 《리테일 매거진》, 2020년 5월호, p.120-121.

12   Ann Limpert, "Inn at Little Washington Chef Will Fill His Socially Distanced Dining Room With Midcentury Mannequins", *Washingtonian*, 2020.5.12.

13   Christele Harrouk, "MASS Releases Spatial Strategies for Restaurants in Response to COVID-19", *ArchDaily*, 2020.5.13.

14   "유럽도 집어삼킨 '코로나19 팬데믹': 언택트/위생용품 소비 증가" 《리테일 매거진》, 2020년

4월호, p. 42-45.

15 Peter Maxwell, "How COVID-19 could impact retail design: clean lines, clean spaces", *Frame*, 2020.4.21.

8장 | Re-Green : 쿨한 친환경 ••

1 Angel Au-Yeung, "Outdoor Clothing Chain Patagonia Starts Selling Online Again After Unusual Decision To Pause Its E-Commerce Due To Pandemic", *Forbes*, 2020.4.23.

2 Yvon Chouinard, *Let My People Go Surfing: The Education of a Reluctant Businessman--Including 10 More Years of Business Unusual*, Penguin Books, 2016. [이본 쉬나드, 《파타고니아, 파도가 칠 때는 서핑을》, 이영래 역(라이팅하우스, 2020)]

3 Akane Otani, "Patagonia Triggers a Market Panic Over New Rules on Its Power Vests", *The Wall Street Journal*, 2019.4.8.

4 이승환, "코로나 휩쓴 자리, 놈이 있었다… 플라스틱의 재습격", 《매일경제》, 2020.6.5.

5 "What sustainable initiatives do you think consumers value?", *MakerSights*, 2020.3.17.

6 "Cone Communications Gives Companies a Lesson on How to Speak Gen Z", *Sustainble Brands*, 2017.9.12.

7 Barbara Schneider-Levy, "Why Fashion Customers Can't Get Enough of Rothy's Sustainable Shoes", *Footwear News*, 2019.12.3.

8 Patrick Mcgregor, "San Francisco and Bay Area Office Report Q3 2019: Sales Volumes Set Multi-Year Highs As Lease Rates Rise", *PropertyShark*, 2019.11.29.

9 로시스의 신발 제작 공정은 조금 특별하다. 뜨거운 물에 물병을 씻고 소독한 후, 물병을 녹여 구슬모양으로 변한 플라스틱 덩어리를 압출해서 늘려 부드러운 실 가닥을 만들어낸다. 이 실 가닥을 짜서 플랫(flat: 납작한 모양의 여성화)의 윗부분을 만든다. 즉 가죽을 자르고 꿰매서 만드는 전통적인 방식이 아니라 마치 3D로 제작한 니트 같은 개념이다. 로시스가 이 신발을 론칭한 이후 약 3년간 4000만 개의 페트병을 신발로 탄생시켰다. 로시스의 비즈니스 모델이 가능했던 데는, 중국에 2만 3000제곱미터 규모의 공장을 짓고, 그 안에서 로시스가 신발을 디자인하고 생산하고 판매까지 가능케 하는 데 걸리는 시간을 6주로 당긴 혁신적인 공급망 사슬이 큰 몫을 했다. 기존 방식으로는 이런 제품의 기획에서부터 생산하고 팔릴 때까지 적어도 6개월, 길게는 18개월까지 걸린다. 덕분에 다양한 스타일을 빨리 시도하고 새로운 스타일을 다시 선보이는 트렌디함을 확보할 수 있었다.

10   Pete Forester, "These Sneakers Are Affordable, Sustainable, and Genuinely Stylish", *Esquire*, 2017.3.2.

11   올버즈 신발의 편안함은 자타가 공인하는 장점이다. 베스트셀러인 울 러너(Wool Runner)는 가볍고, 통풍이 잘 될 뿐 아니라 굉장히 부드럽고 편하다. 이 역시 로시스처럼 세탁기로 세탁이 가능한 스니커즈다. 이 특성들은 스니커즈의 재료 메리노 울(양모) 덕분이다. 울 소재가 신발에 쓰이면 덥고 가려울 것 같지만, 올버즈가 특허권을 낸 양면 울은 특수 가공으로 굉장히 부드럽고 가렵지도 않고 내구성도 뛰어나다. 여름에는 열을 통제해 시원할 뿐 아니라, 겨울엔 따듯하고, 맨발로 신어도 냄새가 나지 않고 신발 외부의 더러움을 방지할 수 있다. 친환경 소싱과 비즈니스 시스템 구축이라는 올버즈의 브랜드 미션 아래 ZQ 메리노 등 조직들과 파트너십을 맺고 지구와 동물, 사람을 보호하는 엄격한 룰에 따라 울을 생산한다. 재생 나일론으로 신발의 내구성을 높였고, 신발끈은 페트병을 재활용해서 만들었다. 패키징 재료는 90% 재활용 카드보드지다. 트리노(Trino) 양말은 재생재질인 나무(Tree)와 양모(Merino)를 결합해 만들었다. 이 역시 굉장히 부드러우면서도 통풍이 잘 되고, 수분을 흡수할 뿐 아니라 환경에도 덜 해롭다. 미즐(Mizzle) 라인은 친환경 방수 재질로 만들어졌고, 다른 제품들에도 사탕수수 등 다양한 친환경 재료들이 사용된다. 이렇게 수많은 상품의 재료 선정부터, 생산과정, 그리고 배송까지 전 과정에 올버즈가 추구하는 미션, 지속성이 반영되어 있어 친환경 활동에 앞장서는 레오나르도 디카프리오도 올버즈에 투자했다.

12   "Allbirds: A Detailed Growth Marketing Analysis on How The Company Acquires & Converts Customers", *Medium*, 2019.9.13.

13   Samantha McDonald, "Digitally Native Allbirds Doubles Down on Brick-and-Mortar Expansion", *Footwear News*, 2019.10.9.

14   "Everlane and Allbirds: Excellent First Crack at Brick-and-Mortar", *Zandl Slant*, 2017.12.7.

15   Joseph Pisani, "Allbirds, a shoe brand born online, to double stores", *AP News*, 2019.10.9.

16   "E-COMMERCE REVENUE ANALYTICS: everlane.com", *ecommerceDB*.

17   Fiona Soltes, "Make it simple and seamless", *National Retail Federation*, 2019.9.2.

18   Bridget Cogley, "Everlane opens minimal Brooklyn store featuring painted brick and pale wood", *dezeen*, 2019.9.9.

리 : 스토어

280

19 Cara Salpini, "Allbirds founder: Being a sustainable business is 'not that hard'", *Retail Dive*, 2020.3.6.

마무리하며 | 오프라인의 미래 앞에서 ●●

1 "Fortune 500 2013", *Fortune*.

2 "Fortune 500 2017", *Fortune*.

3 "Fortune 500 2020", *Fortune*.

4 안재광, "온라인 쇼핑 비중 60% 첫 돌파", 《한국경제》, 2020.4.22.

5 Robert Reich, "Covid-19 pandemic shines a light on a new kind of class divide and its inequalities", *Guardian*, 2020.4.26.

6 Chantrelle Nielsen and Natalie McCullough, "How People Analytics Can Help You Change Process, Culture, and Strategy", *Harvard Business Review*, 2018.5.17.

7 David R. Fineman, "People analytics: Recalculating the route", *Deloitte*, 2017.2.28.

8 "Rewriting the rules for the digital age", *Deloitte University Press*, 2017.

9 Kelly Tyko, "Walmart rolls out new 'Ask Sam' tool to store employees to help shoppers find products, prices", *USA TODAY*, 2020.7.29.

10 Carmen Nobel, "Clay Christensen's Milkshake Marketing", *Harvard Business School*, 2011.2.14.

11 "The 'Jobs to be Done' Theory of Innovation", *Harvard Business Review*, 2016.12.8.

12 황지영, "가장 핫한 소비 트렌드를 읽을 수 있는 곳: 2020 리테일 빅 쇼", 《퍼블리》. (https://publy.co/content/4552?fr=set-bottom-list)

· 참 고 문 헌 ·

Anand, Bharat, *The Content Trap: A Strategist's Guide to Digital Change*, Random House Inc, 2016. [바라트 아난드, 《콘텐츠의 미래》, 김인수 역(리더스북, 2017)]

Andriole, Stephen J. "Five myths about digital transformation." *MIT sloan management review* 58, no. 3 (2017).

Atalay, A. Selin, and Margaret G. Meloy. "Retail therapy: A strategic effort to improve mood." *Psychology & Marketing* 28, no. 6 (2011): 638-659.

Basker, Michael, *Curation: The Power of Selection in a World of Excess*, Little, Brown Book Group, 2016. [마이클 바스카, 《큐레이션: 과감히 덜어내는 힘, 최윤영 역(예문 아카이브, 2016)]

Beck, Norbert, and David Rygl. "Categorization of multiple channel retailing in Multi-, Cross-, and Omni-Channel Retailing for retailers and retailing." *Journal of Retailing and Consumer Services* 27 (2015): 170-178.

Berger, Jonah, *Contagious*, Simon & Schuster, 2013. [조나 버거, 《컨테이저스: 전략적 입소문》, 정윤미 역(문학동네, 2013)]

Burke, Raymond R. "Technology and the customer interface: what consumers want in the physical and virtual store." *Journal of the Academy of Marketing Science* 30, no. 4 (2002): 411-432.

Carlsson. "Digital strategies for two-sided markets: A case study of shopping malls." *Decision Support Systems* 108 (2018): 34-44.

Chopra, Sunil. "How omni-channel can be the future of retailing." *Decision* 43, no. 2 (2016): 135-144.

Cruz, Edmanuel, Sergio Orts-Escolano, Francisco Gomez-Donoso, Carlos Rizo, Jose Carlos Rangel, Higinio Mora, and Miguel Cazorla. "An augmented reality application for improving shopping experience in large retail stores." *Virtual Reality* 23, no. 3 (2019): 281-291.

Dekimpe, Marnik G., Inge Geyskens, and Katrijn Gielens. "Using technology to bring online convenience to offline shopping." *Marketing Letters* (2019): 1-5.

Di Pietro, Laura, Bo Edvardsson, Javier Reynoso, Maria Francesca Renzi, Martina Toni, and Roberta Guglielmetti Mugion. "A scaling up framework for innovative service ecosystems: lessons from Eataly and KidZania." *Journal of Service Management* (2018).

Diddi, Sonali, Ruoh-Nan Yan, Brittany Bloodhart, Vickie Bajtelsmit, and Katie McShane. "Exploring young adult consumers' sustainable clothing consumption intention-behavior gap: A Behavioral

Reasoning Theory perspective." *Sustainable Production and Consumption* 18 (2019): 200-209.

Donavan, D. Todd, Swinder Janda, and Jaebeom Suh. "Environmental influences in corporate brand identification and outcomes." *Journal of Brand Management* 14, no. 1-2 (2006): 125-136.

Ellis, Sean, Morgan Brown, *Hacking Growth : How Today's Fastest-Growing Companies Drive Breakout Success*, Ebury Publishing, 2017. [션 엘리스, 모건 브라운, 《진화된 마케팅 그로스 해킹》, 이영구, 이영래 역(골든어페어, 2017)]

Euromonitor International, "From sustainability to purpose: New values driving purpose-led innovation", July, 2020.

Euromonitor International, "Retail industry overview: The coronavirus era outlook", July, 2020.

Euromonitor International, "The coronavirus era: Where and how consumer shop", June, 2020

Euromonitor International, "Guide to the Tissue and Hygiene Industry Forecast Model with Coronavirus Scenarios", May 2020.

Euromonitor International, "The Impact of Coronavirus on Top 10 Global Consumer Trends 2020", April, 2020.

Farah, Maya F., Zahy B. Ramadan, and Dana H. Harb. "The examination of virtual reality at the intersection of consumer experience, shopping journey and physical retailing." Journal of Retailing and Consumer Services 48 (2019): 136-143.

Flavián, Carlos, Sergio Ibáñez-Sánchez, and Carlos Orús. "The impact of virtual, augmented and mixed reality technologies on the customer experience." Journal of Business Research 100 (2019): 547-560.

Frishammar, Johan, Javier Cenamor, Harald Cavalli-Björkman, Emma Hernell, and Johan

Furr, Nathan, and Andrew Shipilov. "Digital doesn't have to be disruptive: the best results can come from adaptation rather than reinvention." Harvard Business Review 97, no. 4 (2019): 94-104.

Garg, Nitika, and Jennifer S. Lerner. "Sadness and consumption." *Journal of Consumer Psychology* 23, no. 1 (2013): 106-113.

Gilovich, Thomas, Amit Kumar, and Lily Jampol. "A wonderful life: Experiential consumption and the pursuit of happiness." *Journal of Consumer Psychology* 25, no. 1 (2015): 152-165.

Gupta, Sunil, Driving Digital Strategy: A Guide to Reimagining Your Business, Harvard Business School Press, 2018. [수닐 굽타, 《루이비통도 넷플릭스처럼: 디지털 경제로 전환에 성공한 기업의 전략적 혁신 사례》, 김수진 역(프리렉, 2019)]

Gutfreund, Jamie. "Move over, Millennials: Generation Z is changing the consumer landscape." *Journal of Brand Strategy* 5, no. 3 (2016): 245-249.

Hsu, Chia-Lin, and Mu-Chen Chen. "How gamification marketing activities motivate desirable consumer behaviors: Focusing on the role of brand love." *Computers in Human Behavior* 88 (2018): 121-133.

Heimans, Jeremy, Henry Timms, *New Power: How Power Works in Our Hyperconnected World--and*

How to Make It Work for You, Doubleday, 2018. [제러미 하이먼즈, 헨리 팀스, 《뉴파워 : 새로운 권력의 탄생 - 초연결된 대중은 어떻게 세상을 바꾸는가》, 홍지수 역(비즈니스북스, 2019)]

Husnain, Mudassir, Bushra Rehman, Fauzia Syed, and Muhammad Waheed Akhtar. "Personal and in-store factors influencing impulse buying behavior among generation Y consumers of small cities." *Business Perspectives and Research* 7, no. 1 (2019): 92-107.

Hwang, Jiyoung, and Laee Choi. "Having fun while receiving rewards?: Exploration of gamification in loyalty programs for consumer loyalty." *Journal of Business Research* 106 (2020): 365-376.

IBIS World Industry Report #44511, "Supermarkets & Grocery Stores in the US", May, 2020.

IBIS World Industry Report #45211, "Department Stores in the US" May, 2020.

IBIS World Industry Report #45411a, "E-Commerce & Online Auctions in the US", May, 2020.

Jahn, Steffen, Tim Nierobisch, Waldemar Toporowski, and Till Dannewald. "Selling the extraordinary in experiential retail stores." *Journal of the Association for Consumer Research* 3, no. 3 (2018): 412-424.

Kahneman, Daniel, *Thinking, Fast and Slow*, Farrar, Straus and Giroux, 2011. [대니얼 카너먼, 《생각에 관한 생각》, 이창신 역(김영사, 2018)]

Kim, Seo Young, Bernd H. Schmitt, and Nadia M. Thalmann. "Eliza in the uncanny valley: anthropomorphizing consumer robots increases their perceived warmth but decreases liking." *Marketing Letters* 30, no. 1 (2019): 1-12.

Kleinlercher, Kristina, Oliver Emrich, Dennis Herhausen, Peter C. Verhoef, and Thomas Rudolph. "Websites as information hubs: How informational channel integration and shopping benefit density interact in steering customers to the physical store." *Journal of the Association for Consumer Research* 3, no. 3 (2018): 330-342.

Kirk, Colleen P., and Laura S. Rifkin. "I'll Trade You Diamonds for Toilet Paper: Consumer Reacting, Coping and Adapting Behaviors in the COVID-19 Pandemic." *Journal of Business Research* (2020).

Nambisan, Satish, Mike Wright, and Maryann Feldman. "The digital transformation of innovation and entrepreneurship: Progress, challenges and key themes." *Research Policy* 48, no. 8 (2019): 103773.

Markham, Julia E., *The Future of Shopping: Traditional Patterns and Net Effects*, Springer, 2016.

McKinsey & Company, "The ever-changing store: Taking an agile, customer-centric approach to format redesign", April, 2019.

McKinsey & Company, "Reimagining stores for retail's next normal", April, 2020.

McKinsey & Company, "Connecting with customers in times of crisis", April, 2020.

McKinsey & Company, "A transformation in store", May, 2019.

McKinsey & Company, "Automation in retail: An executive overview for getting ready", May, 2019.

McKinsey & Company, "Beyond contactless operations: Human-centered customer experience", May,

2020.

McKinsey & Company, "Reviving grocery retail: Six imperatives", Winter, 2018/19.

Mende, Martin. "Retail Apocalypse or Golden Opportunity for Retail Frontline Management?." *Journal of Retailing* 95, no. 2 (2019): 84.

Priporas, Constantinos-Vasilios, Nikolaos Stylos, and Anestis K. Fotiadis. "Generation Z consumers' expectations of interactions in smart retailing: A future agenda." *Computers in Human Behavior* 77 (2017): 374-381.

Reinartz, Werner, Nico Wiegand, and Monika Imschloss. "The impact of digital transformation on the retailing value chain." *International Journal of Research in Marketing* 36, no. 3 (2019): 350-366.

Rese, Alexandra, Tobias Schlee, and Daniel Baier. "The need for services and technologies in physical fast fashion stores: Generation Y's opinion." *Journal of Marketing Management* 35, no. 15-16 (2019): 1437-1459.

Roggeveen, Anne L., Dhruv Grewal, and Elisa B. Schweiger. "The DAST framework for retail atmospherics: The impact of in-and out-of-store retail journey touchpoints on the customer experience." *Journal of Retailing* 96, no. 1 (2020): 128-137.

Sands, Sean, Carla Ferraro, and Sandra Luxton. "Does the online channel pay? A comparison of online versus offline information search on physical store spend." *The International Review of Retail, Distribution and Consumer Research* 20, no. 4 (2010): 397-410.

Schmidt, Walter, *Warum Manner nicht nebeneinander pinkeln wollen*, Rowohlt TB., 2013. [발터 슈미트, 《공간의 심리학》, 문항심 역(반니, 2020)]

Stephens, Doug, *Reengineering Retail*, Figure 1, 2017. [더그 스티븐스, 《유통 혁명 오프라인의 반격》, 정연욱 역(처음북스, 2018)]

Tabrizi, Behnam, Ed Lam, Kirk Girard, and Vernon Irvin. "Digital transformation is not about technology." *Harvard Business Review* 13 (2019).

Thaler, Richard H, Cass R. Sunstein, Nudge, Penguin Books, 2009. [리처드 H. 탈러, 캐스 R. 선스타인, 《넛지: 똑똑한 선택을 이끄는 힘》, 안진환 역(리더스북, 2018)]

Thomas, Tandy Chalmers, Amber M. Epp, and Linda L. Price. "Journeying Together: Aligning Retailer and Service Provider Roles with Collective Consumer Practices." *Journal of Retailing* 96, no. 1 (2020): 9-24.

Verhagen, Tibert, Willemijn van Dolen, and Jani Merikivi. "The influence of in-store personnel on online store value: An analogical transfer perspective." *Psychology & Marketing* 36, no. 3 (2019): 161-174.

Warren, Caleb, Rajeev Batra, Sandra Maria Correia Loureiro, and Richard P. Bagozzi. "Brand coolness." *Journal of Marketing* 83, no. 5 (2019): 36-56.

Wilcockson, Thomas DW, A. M. Osborne, and David A. Ellis. "Digital detox: The effect of smartphone abstinence on mood, anxiety, and craving." *Addictive behaviors* 99 (2019): 106013.

Yrjölä, Mika, Hannu Saarijärvi, and Henrietta Nummela. "The value propositions of multi-, cross-, and omni-channel retailing." *International Journal of Retail & Distribution Management* (2018).

김난도 외, 《트렌드 코리아 2020》, 미래의창, 2019.
김석현, 《마케터의 여행법》, 북스톤, 2019.
대학내일20대연구소, 《밀레니얼-Z세대 트렌드 2020》, 위즈덤하우스, 2019.
삼정KPMG경제연구원, 《COVID-19 Business Report》, 2020.
생각노트, 《도쿄의 디테일》, 북바이퍼블리, 2018.
이경미, 정은아, 《우리는 취향을 팝니다》, 쌤앤파커스, 2019.
이동진 외, 《퇴사준비생의 도쿄》, 더퀘스트, 2017.
이랑주, 《오래가는 것들의 비밀》, 지와인, 2019.
정창윤, 《컨셉 있는 공간》, 북바이퍼블리, 2019.
카토 마사키, Puddle, 《카페의 공간학: 세계의 디자인 엿보기》, 황준 역, 시공문화사, 2020.
홍성태, 조수용, 《나음보다 다름》, 북스톤, 2015.

30 시몬스, 39 Nike(위), 황지영(아래), 52 L'Oreal, 54 황지영, 57 아모레성수, 61 Treebones Resort, 63 스테이폴리오, 66 Foot Locker, Engadget(우) 68 연남장(위), 윤동길/매거진 〈와디즈 넥스트〉(아래), 74 Glossier, Business Insider(우 하단) 81 Business Insider(좌), 황지영(우), 84 Troon, 85 Topgolf, 87 황지영, 90 Planet Fitness, 97 Hypebeast, 99 Lexus, 100 Gucci, 103 최용준, 112 McKinsey&Company, 116 황지영(위), B8ta, 118 Best Buy, 119 고잉메리, 121 Neighborhood Goods, 122 Nordstrom, 128 Re Tech, 140 Dandelion(위), Eater(중간), 황지영(아래), 142 황지영, 144 앤트러사이트, 149 Marriott, 152 Starbucks, 155 F1963, 167 황지영(위), Eataly(우 중간, 좌 하단), 171 황지영, 172 황지영, 173 이마트, 177 Wickedweed Brewing, 178 기와탭룸, 189 이마트(우), 192 Seattle Times, 193 Reformation, 195 Amazon, 198 황지영, 200 Youtube, 201 황지영, 202 황지영, 204 신세계그룹, 208 네이버, 209 황지영, 220 이마트, 224 Starbucks, 225 Aldi, 227 The Inn at Little Washington(좌), Mediamatic(우), 229 MASS Design Group, 232 황지영, 237 Patagonia, 242 황지영, 246 Zandl Slant(위), Footwear News(중간), 황지영(아래), 250 Everlane(좌 상단, 아래), MashupNY(우 상단) 255 Everlane, 263 시몬스

※ 크레딧 표시가 없는 이미지는 셔터스톡 제공 사진입니다.
※ 일부 저작권 확인이 되지 못한 이미지에 대해서는 저작권을 확인하는 대로 통상의 비용을 지불하도록 하겠습니다.

리:스토어

언택트 시대, 오프라인 기업들의 8가지 진화 전략

초판 1쇄 2020년 10월 15일
초판 3쇄 2020년 11월 9일

지은이 | 황지영

발행인 | 문태진
본부장 | 서금선
책임편집 | 김다혜   편집2팀 | 김예원 정다이 김다혜
디자인 | 디박스   교정 | 김시경

기획편집팀 | 김혜연 이정아 박은영 오민정 허문선 송현경 박지영   저작권팀 | 정선주
마케팅팀 | 김동준 이주형 김혜민 김은지 정지연   디자인팀 | 김현철
경영지원팀 | 노강희 윤현성 정현준 조샘 최지은 김기현
강연팀 | 장진항 조은빛 강유정 신유리

펴낸곳 | ㈜인플루엔셜
출판신고 | 2012년 5월 18일 제300-2012-1043호
주소 | (06040) 서울특별시 강남구 도산대로 156 제이콘텐트리빌딩 7층
전화 | 02)720-1034(기획편집) 02)720-1024(마케팅) 02)720-1042(강연섭외)
팩스 | 02)720-1043 전자우편 | books@influential.co.kr
홈페이지 | www.influential.co.kr

ⓒ 황지영, 2020
ISBN 979-11-91056-16-7 (03320)